청춘의 죽자론

＊이 책은《두 친구의 꿈(2009)》을 개정한 도서입니다.

청춘의 종자론

백만 불의 재산을 모은 젊은 두 친구의 비밀

김의경 지음

굿앤웰스

소중한 두 친구의 꿈을 이루게 해준 마법의 종자돈 이야기

"적금으로 500만 원을 모았습니다. 이걸 두 배로 만들 수 있는 좋은 투자처는 없을까요?"

"투자가치가 높고 실한 종목 좀 추천해주세요."

"아내는 지금 집을 사자고 합니다. 앞으로 부동산가격은 어떻게 될까요?"

필자는 금융업에 종사하고 있다. 그렇다고 해서 재테크 전문가는 아니다. 왜냐하면, 필자가 종사하는 분야는 개인들을 상대로 금융상품을 팔거나 주식중개를 하거나 재무설계를 하는 분야가 아니기 때문이다. 과거 종금사에서 국제금융, 기업금융 업무를 했으며 창업투자회사에서 벤처투자 업무를 했다. 그리고 지금은 벤처기업들을 상대로 투자를 유치해주고 M&A를 컨설팅해주는 일을 하고 있다. 즉, 지금껏 계속 개인이 아닌 기업을 상대로 한 금융업을 했다.

다시 말해 필자는 펀드에 투자해야 한다거나 은행이나 보험사의 금융상품에 가입해야 한다거나 아니면 주식투자를 해야 한다고 사람들을 설득시키거나 심할 경우 현혹시킬 하등의 이유가 없으며 또한 그렇게 하고 싶지도 않다.

2000년 닷컴 열풍의 끝자락일 때 필자는 종금사를 떠나 한국경제신문사의 자회사인 한경닷컴의 인터넷금융사업부에서 잠시 일한 적이 있다. 이때 취미로 회사의 사내게시판에 금융과 경제에 대해 쉽게 설명하는 글을 연재했었다. 그리고 이에 대한 반응이 좋아 한경닷컴에 칼럼을 기고하게 되었고 이를 인연으로 몇 권의 책을 썼다.

필자의 칼럼이나 책의 주된 내용은 재테크에 대한 방법이나 금융상품의 소개가 아니었다. 어디선가 한번쯤은 들어봤지만 누구에게 물어보기는 부끄럽고 그렇다고 명확하게 이해하고 있지도 않은 경제나 금융에 대한 지식을 알기 쉽게 설명하는 것이 주된 내용이었다.

그럼에도 불구하고, 금융에 대한 글을 쓴다는 이유로 필자에게는 앞에서와 같이 종종 재테크에 대한 질문의 메일이나 댓글이 올라오곤 한다. 필자로서는 이러한 메일이나 댓글에 답변을 달기가 난처하기 짝이 없다. 왜냐하면, 필자는 이에 대한 정답을 잘 모를뿐더러 직업적으로 어떠한 이해관계도 없기 때문에 굳이 아는 척을 하고 싶지도 않다.

하지만, 이번에 필자는 재테크 관련 책을 쓰게 되었다. 글로벌 금융위기가 발발했던 지난 2008년과 2009년이, 필자가 종금사에서 호된 경험을 했던 1997년부터 몇 년간의 외환위기와 IMF 구제금융시기와 너무나도 닮아 있다. 이렇게 비슷한 시기를 다시 겪으면서 필자는 잠시 잊었던 사람을 떠올리게 되었다. 그는 바로 필자가 종금사에 다닐 당시 친하게 지냈던 또래 직원이었다.

당시 20대 후반에서 30대 초반을 지내면서 보여줬던 그 직원의 행동이 10년이 훌쩍 지난 후에야 비로소 필자에게 많은 감명과 영감을 주었던 것이다. 필자는 감히 단언하건대 '그가 보여주었던 행동'이야말로 '재테크에서 가장 중요하고 기본적인 핵심'이라고 생각한다. 그는 결코 우리가 생각하는 주식의 달인도 아니었고, 그렇다고 부동산의 귀재도 아니었다. 수많은 정보를 핸들링(handling)하면서 투자의 기회를 포착해 과감히 베팅을 하는 승부사 기질을 가진 사람도 아니었다. 솔직히 1997년 말 외환위기로 지옥 끝까지 떨어졌던 주가가 다시금 상승해 무려 500% 가까이 올랐을 때도 그흔한 주식투자 한번 하지 않았던 우둔하고 곰 같은 사람이었다. 그런 그가 큰돈을 모았던 이유는 전혀 다른 데 있었다.

　그 직원은 아주 천천히 차곡차곡 돈을 모아나갔으며, 그것도 오랜 기간 쉬지 않고 계속했다. 어떠한 환경의 변화에도 변함없이 말이다. 하지만, 필자를 더욱더 놀라게 한 것은 그의 그러한 행동이 결코 인내와 절제의 결과물이 아니었다는 것이다. 그는 그 자체를 마치 취미나 레저처럼 즐겼던 것이다. 그것이 그의 태생적 기질인지 아니면 마인드 컨트롤의 결과였는지에 대해서 필자가 알 길은 없지만 말이다.

2007년까지 몇 년 동안 우리에겐 재테크 광풍이 불었었다. 저축의 시대는 한물가고, 투자의 시대가 도래했다며 각종 언론과 여러 금융기관의 재무상담사들이 떠들어댔다. 마치 무슨 가요프로그램이나 연예프로그램을 보듯 인기에 따라 우르르 몰려들며 말이다. 하지만, 그 후 우리 손에 남은 것이라곤 반에 반 토막이 난 중국펀드와 절반 가깝게 날아가 버린 대출을 받아 장만한 아파트밖에 없었다. 광풍의 끝은 참으로 비참했다. 하지만, 여기서 끝은 아니다. 다시 시작해야 한다. 이렇게 생각하면 할수록 필자의 머릿속엔 지난 과거 속의 그 직원의 얼굴이 떠오른다. 재테크라는 게임의 법칙이 적용하는 한 토끼와의 경주에서 거북이가 이길 가능성이 훨씬 크다는 것을 그 직원의 행동에서 발견할 수 있었기 때문이다.

필자가 가끔 받는 독자들의 재테크 관련 메일 중에는 이미 시기를 놓쳤거나 아무런 준비도 안 되어 있거나, 너무나 눈이 높아서 제대로 된 부를 축적할 수 있을지에 대한 의문스러운 사례가 적지 않다. 그러한 안타까운 마음에서 필자는 10년도 훨씬 지난 경험을 이야기로 꾸며봤다. 비록 10년이 지났지만 지금도 여전히 이 이야기에서 전달하고자 하는 교훈은 퇴색되거나 변질하지 않았음을 확신하면서 말이다. 특히 이 이야기가 공급과잉과 소비의 시대를 살고 있는 우리 20~30대 젊은이들에게 조금이나마 도움이 되기를 바란다.

언제나 그렇듯이 책이란 저자 혼자만의 작업이 아니라, 책을 만드는 모든 분들의 공동 작업임을 다시 한 번 느낀다. 따라서 이 책을 만드는데 도움을 주신 다산북스의 김선식 사장님과 임영묵 팀장님 그리고 그 외 많은 관계자분께 감사의 뜻을 전한다.

김의경

최기봉 · 이 이야기의 주인공이다. 제로종금사 경영기획부에서 회계와 기획업무를 하고 있다. 그는 민첩하고 재바른 성격은 아니지만 자신이 하는 일에는 상당한 책임감을 가지고 있고, 회사의 리스크 관리 부족에 대해서도 우려의 시각을 가지고 있다. 꾸준히 종자돈을 모아 그것을 기반으로 부자가 된다. 그는 참고 인내하면서 절약하는 게 아니라, 무엇보다도 종자돈 모으기를 취미나 레저처럼 즐기는 성격이다.

나준수 · 최기봉보다는 입사가 6개월 늦지만 같은 나이로 절친한 친구이다. 제로종금사의 리스 1부에서 근무하고 있다. 어떤 상황에서도 잘 어울리며 후배들에게도 한턱내기를 좋아하는 사람좋은 성격이다. 하지만, '최기봉의 종자돈 모으기'를 알게 되면서 점차 그에게 동화되어 간다. 이 이야기는 최기봉에 대한 그의 경험을 중심으로 전개되어 간다.

마대식 · 제로종금사 기업금융부에서 일한다. 성격이 호탕하고 음주가무에 능하다. 사람들과 어울리기를 좋아하며 낭비벽이 심하다. 최기봉의 대학선배이지만 그와는 대립적인 인물이다. 평소 최기봉의 종자돈 모으기에 대해 부정적인 시각을 가지고 있다. 투자는 한방이라고 생각하지만 결국 주식투자로 대박을 좇다가 알거지가 된다.

정재영 · 제로종금사 심사부에서 일한다. 마대식과는 입사 동기이다. 마대식과 나쁜 사이는 아니지만 가끔 업무상 견해 차이로 대립하기도 한다. 특히 그는 금융과 투자에서 위험관리를 강조한다.

박상원 · 제로종금사 기업금융부에서 일한다. 마대식의 부하직원이다. 평범한 성격이다. 최기봉에 대해서 나쁜 감정은 없지만 마대식이 최기봉을 비난할 때 가끔 맞장구를 치곤 한다.

불독이사 · 제로종금사 기업금융부 이사. 위험관리보다는 영업실적에 치중한다. 아기자동차에 무리한 대출을 집행하여 제로종금사 경영위기의 화근을 만든다.

장부장 · 제로종금사 심사부 부장. 위험관리를 강조하여 불독이사가 추진하는 아기자동차 대출을 반대한다.

신부장 · 제로종금사 경영기획부 부장

수경 · 나준수의 여자친구

이영숙 · 최기봉의 여자친구

Contents

1부
최기봉의 **마법** 같은 **종자돈**

최기봉을 처음 만나다

"선수, 커피나 한잔 합시다."

1995년 1월, 제로종합금융회사의 리스 1부에 배치를 받은 나준수가 첫 출근을 한 지 3~4일 정도 지났을 때다. 여전히 매고 있는 넥타이가 갑갑하고 회사의 분위기도 생경하여 바짝 긴장을 하고 있던 나준수에게 누군가 이렇게 말을 걸었다. 고개를 들어 그쪽을 쳐다보니 둥글둥글한 얼굴에 뿔테 안경을 낀 비슷한 또래의 한 직원이 자신을 부르는 것이었다.

"아, 예… 그러죠."

"나준수 씨죠. 전, 옆 부서에서 근무하는 최기봉이라고 해요. 선수보다는 6개월 먼저 입사했는데요. 그래도 같은 나이니까 앞으로 친하게 지내요."

비슷한 직급에 같은 나이라는 말을 들으니 나준수는 갑자기 반가운 마음이 들었다. 마치 자대배치를 받아 바짝 얼어 있는 이등병이 동기를 만난 기분이었다.

"아, 그러세요. 최기봉 씨. 앞으로 잘 부탁드립니다. 모르는 거 있으면 많이 가르쳐 주시고요."

"허허, 그러죠. 그나저나 지금 살고 있는 데는 어디에요?"

"고향은 지방이고요. 지금은 다니던 학교 근처에서 자취하고 있어요. 아직 졸업도 하지 않아서 학교를 떠나지 못했네요. 허허."

"그렇군요. 보통 졸업은 2월이니까 아직 한 달이 남았네요. 정말 따끈따끈한 신입사원이시네, 허허. 전 군대를 좀 짧게 갔다 와서 작년에 졸업하고 하반기 공채로 입사했죠. 가만있자, 그럼 사는 데가 우리 집 근처겠네요. 안암동 맞죠?"

"예, 어떻게 아세요?"

"에이, 신입사원 들어오면 몇 살인지, 무슨 학교 출신인지 회사 내에 인적사항 싹 돌잖아요."

"그럼, 같은 학교?"

"아뇨. 그건 아니고 전 원래 고향이 서울이거든요. 안암동에서만 20년 넘게 살았죠. 어릴 땐 최루탄 냄새도 많이 맡았죠, 허허. 선수, 선배님들 덕분에요."

"허허, 그랬겠군요. 대학가 근처였으니 말이죠. 그런데 '선수…' 는 무슨 뜻이죠?"

나준수는 '선수'란 호칭이 어색했는지 이렇게 물었다. 그러자 최기봉이 겸연쩍은 듯 웃으며 말했다.

"그냥, 우리 회사 사람들끼리 친한 사람 호칭할 때 '선수, 선수' 이렇게 불러요. 집도 같은 방향이니 앞으로 친하게 지내자는 의미 에서…, 하하하."

나준수는 최기봉의 겸연쩍어하는 웃음을 보며 왠지 이 사람과 친해질 것 같은 예감이 들었다.

그로부터 채 두 달이 안 되어 나준수와 최기봉은 단짝이 되어 있었다. 비록 서로 부서는 다르지만 소주도 한 잔씩하며 업무상 고충도 털어놓고 좋아하는 여자친구 이야기도 나누게 되었다.

한번은 이런 일이 있었다. 당시만 해도 인터넷이 없었기 때문에 대부분의 카드대금 고지서는 우편으로 우송이 되었다. 하루는 나준수가 최기봉의 자리에 찾아간 적이 있었다. 최기봉은 잠시 자리를 비운 상태이고 책상 위에는 카드대금 고시서가 놓여 있었다. 나준수는 무심코 고지서를 펼쳐 보려고 했다. 그때 최기봉이 자리로 돌

아왔다.

"지금 무슨 짓 하는 거예용!"

최기봉이 화들짝 놀라며 나준수의 손에 든 고지서를 낚아채면서 이렇게 말했다.

순간 장난기가 발동한 나준수는 다시 고지서를 빼앗아 들고 복도로 뛰어나갔다.

"카드 대금 엄청나게 나왔나 보네. 어디다 얼마나 쓴 건지 한번 봐야겠어."

나준수는 달려나가면서 최기봉의 카드 고지서를 펼쳐 보았다. 그러다 나준수는 갑자기 발걸음을 멈췄다. 세상에나! 카드 고지서에 놀랄 만한 액수의 금액이 적혀있는 게 아닌가!

'45,000원'

'……'

아무리 입사 6개월밖에 안 된 미혼의 신입사원이라지만 한 달 신용카드 사용액이 겨우 45,000원밖에 되지 않는다는 사실이 나준수는 도저히 믿기지 않았다.

"그러게 보지 말라는데 왜 기어이 보고 그래요."

뒤늦게 쫓아온 최기봉이 나준수에게 쏘아붙이듯 말했다. 마치 45점짜리 성적표를 들킨 학생처럼 상기된 얼굴이었다.

"정말 이것밖에 안 쓴 거에요?"

"그래서 다들 나보고 짠돌이라고 놀리는 거잖아요. 몰랐어요?"

"아니, 그래도 그렇지 너무 적은 금액이라서….”

"뭘요. 평소엔 2만 원도 안 되는데. 이번엔 약간 쓴 거죠. 뭐…, 사실 카드 그을 일이 별로 없잖아요?"

이왕 들킨 성적표(?)라서 그런지 최기봉은 좀 더 솔직하게 대답을 했다.

순간 나준수는 자신의 카드대금 고지서를 떠올렸다. 한 달 평균 80만 원대를 달리고 있는 카드대금이었다. 물론 나준수도 종금사의 또래 직원들 중에서는 그렇게 과소비하는 편은 아니었다. 또래 직원 중에 엄청나게 많이 쓰는 사람은 평균 200만 원을 쓰는 사람도 있었다. 생각해 보라. 당시는 1995년이었다. 그때 물가수준을 감안하면 정말 큰돈이 아닐 수 없다. 하지만, 나준수가 입사한 회사는 다름 아닌 종합금융회사(종금사)다.

종금사는 과거 1970 · 1980년대 경제개발의 필요에 의해 정부가 만든 금융기관이었다. 당시 정부는 금융의 3대 축인 은행, 보험, 증권에 엄격한 진입장벽을 쌓아놓고, 서로 업무 영역을 침해할 수 없도록 해놓았다. 그러다 보니 자연스럽게 사각지대가 생기게 되었고, 이것을 없애기 위한 금융기관 중의 하나가 바로 종금사였다. 주요 업무는 이 사각지대 중의 하나인 외화를 차입해서 국내 기업의 시설 · 설비자금으로 돈을 빌려주는 것이다. 경제발전을 위해 기업은 생산설비나 공장을 만들어야 하는데 여기에는 장기적이고 큰 규모의 돈이 필요하다.

하지만, 경제개발을 막 시작한 당시로서는 국내에 그만큼의 큰 자금이 있을 리가 없었다. 그래서 외국에서 달러를 빌려야 했다. 당시만 해도 몇몇 허가받은 은행 이외에 아무나 외화를 빌릴 수 없게 되어 있었다. 따라서 정부는 종금사를 만들어 이곳을 통해 외화를 빌리게 했다. 종금사는 국가 신용도를 바탕으로 하여 값싼 이자로 외화를 차입해서 이 돈으로 국내 기업들에게 장기대출이나 장기리스를 해주었다. 물론, 상대적으로 비싼 이자로 말이다.

하루가 다르게 발전하는 한국경제에 기업들은 어마어마한 자금이 필요했고 덩달아 종금사도 상당한 수익을 올렸다. 물론, 1990년대 중반부터는 국내 기업의 자금 수요는 상당 부분 줄어들었다. 이때부터 종금사는 동남아시아로 눈을 돌렸다. 인도네시아, 태국, 베트남, 필리핀 등지에서 경제 개발을 위한 기업들의 자금수요가 증가했기 때문이다.

이렇듯 종금사는 개인고객을 상대로 1~2천만 원씩 대출해 주는 게 아니라 기업을 대상으로 한 번에 500억 원, 1,000억 원을 대출해 주고 높은 예대마진을 먹는 업종이었다. 그러다 보니 자연스레 업무는 많지 않으면서 수익은 높은 이상적인(?) 영업구조를 가졌었다. 업무가 많지 않다 보니 종금사의 직원수도 100여 명 수준이었고 지점도 거의 없었다.

당시 나준수가 다니던 제로종금사의 경우도 직원수가 120명 정도였는데 1년 당기순이익만 200억 원을 남겼었다. 다시 말해 직원 1인당 대략 2억 원에 가까운 순이익을 벌고 있는 셈이었다. 물론, 이는 앞서도 언급했듯이 상당 부분이 정부의 정책 덕분에 가능했던 것 같다. 요즘처럼 종금사의 업무를 증권사나 은행 등 여러 금융기관이 할 수 있게 되면서 종금사는 한두 군데가 겨우 명맥을 유지하고 있으니 말이다.

여하튼 전성기의 종금사는, 직원수는 적은데 순이익은 높다 보니 급여나 복리후생도 최상급이었다. 1995년 나준수가 입사하던 당시 종금사의 대졸 신입사원 한 달 평균 월급이 200만 원이 넘었으니 말이다. 같은 시기 삼성전자의 대졸 신입사원 평균 월급이 100만 원이 채 안 되던 것을 비교해 보면 그야말로 '꿈의 직장'이라 불릴 만큼 연봉이 높은 회사였다. 따라서 종금사의 전성기에는 고액 연봉을 희망하는 명문대 출신의 지원자들이 대거 몰렸다. 이러한 고액 연봉은 대학을 갓 졸업한 신입사원에게는 엄청난 신분의 변화를 가져다주었다. 겨우 월 20~30만 원의 생활비로 대학생활을 하던 사람이 갑자기 자기 손에 매달 200만 원이 넘는 거금을 쥐게 된다고 상상해보라. 돈에 대한 개념이 없어지는 것은 정말 한순간일 것이다. 그러니 나준수 또래의 직원들이 더더욱 신용카드를 흥청망청 써대는 것은 어찌 보면 당연한 일인지도 모른다. 수입이 많았던 그들에게는 그렇게 한다 해도 결코 신용불량자가 되지 않았기 때문이었다.

규모 확장이냐? 리스크 관리냐?

나준수는 퇴근길에 우연히 기업금융부의 마대식 주임을 만났다. 입사 2년차의 총각사원인 마대식 주임은 음주가무에 능하고 사람 좋아하는, 성격 호탕한 남자로 당시 젊은 직원들에게 인기가 아주 많았다.

"어이구 이거, 리스 1부의 나준수 씨 아니신가?"

"아 예, 마주임님. 퇴근하시는 길인가 보죠?"

"아니 오늘 대학 동창들과 모임이 있어서 강남 쪽으로 가는 길이야. 일은 재미있어요?"

"예, 뭐… 재미있습니다. 배울 것도 많고요."

"아 참. 다음 주에 우리 젊은 사원·주임급 직원들끼리 술 한잔할

건데, 그때 나준수 씨도 꼭 참석해요. 찐하게 한잔합시다."

"그럼요. 좋죠. 일정 잡히면 연락 주십시오."

다음 주, 회사 근처 고깃집에 젊은 직원 열 명 정도가 모였다. 소주잔을 돌리다 보니 두 시간이 채 지나지 않았는데도 다들 얼큰하게 취했다. 예나 지금이나 직장 동료끼리 술을 마실 때는 직장 상사 험담이 가장 좋은 안줏거리다.

"사실 우리 불독이사는 독선적이라서 피곤해요. 무조건 자기 뜻에 따르지 않으면 바로 팽(烹) 당한다니까요."

기업금융부의 박상원 사원이 이렇게 말을 꺼냈다.

"나도 동감이야. 저번에 아기자동차 추가 대출 건 있잖아? 그것도 불독이사가 막 우겨서 진행되었잖아. 우리 부서에선 사실 반대했는데. 솔직히 동일인여신한도*가 있는데 한 기업에 그렇게 많은 돈이 나가도 되는 거냐구?"

심사부의 정재영 주임이 박상원의 말에 맞장구를 쳤다.

"제가 알기로는 심사부 장부장이 엄청나게 반대했다던데, 사실이에요?"

동일인여신한도*

동일한 개인 또는 법인에 금융기관이 여신을 할 수 있는 한도를 말한다. 특정한 개인 또는 법인에 과다한 금액이 집중적으로 대출될 경우, 그 개인이나 법인이 망해버리면 금융기관은 치명타를 입게 된다. 이러한 위험을 제도적으로 줄이기 위해 만들어졌다. 현행 은행법에는 동일한 개인이나 법인에 대해서 금융기관 자기자본(자본금+잉여금)의 25%를 초과하지 못하도록 대출을 규정하고 있다. 또 지급보증에서도 금융기관 자기자본의 50%를 초과할 수 없도록 하고 있다. 서민에 대한 '동일인여신한도'는 각 은행들이 내규로 정하고 있는데 대부분이 1,000만 원을 '동일인여신한도'로 정하고 있다.

이와 같은 제도는 비단 대출에만 국한된 것은 아니다. 태생적으로 원금손실의 위험이 있는 '투자'에 있어서도 마찬가지다. 특히 불특정 다수로부터 자금을 모집하는 '공모(公募)펀드'(주식형펀드 등 우리가 알고 있는 대부분의 펀드가 공모펀드에 해당한다.)의 경우 펀드자금의 10% 이상을 동일 종목에 투자하지 못하게 하는 '동일종목투자한도'가 있으며, 아울러 동일 회사 주식의 투자에 대해 해당 지분의 20% 이상을 투자하지 못하는 '동일회사 발행주식 투자제한' 제도가 있다.

물론, 이러한 제도는 특정 주식에 편중되어 투자함으로써 발생하는 투자위험을 줄이는 데 기여를 하나 우량한 주식에 집중적으로 투자할 수 없다는 한계점도 있다. 따라서 이러한 한계점을 해결하고 '하이리스크 · 하이리턴'을 추구하기 위해 특별히 허용된 펀드가 바로 '사모(私募)펀드'이다. 이는 불특정 다수가 아닌 리스크를 부담하려는 소수의 투자자들에 의해 만들어지는 펀드로서 동일종목에 대한 투자제한이 펀드의 50%까지 확대되므로, 발행주식 시가총액 규모가 작을 때는 특정기업의 주식을 100%까지도 취득할 수 있다.

옆에서 듣고 있던 나준수가 정재영 주임에게 이렇게 물었다.

"그렇지. 여신운영위에 대출집행불가 보고서를 올렸지. 그랬더니 불독이사가 바로 우리 심사부로 찾아 왔지 뭐야? 얼굴이 붉으락푸르락 해져서 우리 장부장 자리로 가더니 고래고래 고함을 지르더군."

"뭐라고 했는데요?"

정재영 주임의 이야기에 다들 궁금해 하면서 이렇게 물었다.

"글쎄, 불독이사가 '야, 대한민국 금융기관 여신담당 임원이 아기 자동차 같은 우량한 회사에 대출을 해주지 않는 것은 직무유기야. 심사부는 그저 안 된다고만 하는데 이건 뭐 공무원 복지부동도 아니고 말이야. 여신한도 따지고 리스크 따지고 이것저것 다 따지면서 어떻게 영업을 해! 장부장 당신이 이 회사 먹여 살려? 돈은 내가 번다고. 아기자동차 같은 대기업에 돈을 왕창 몰아줘야지, 이거 왜 이래?'라며 버럭버럭 고함을 지르는데, 야~ 그때 정말 분위기 살벌 했었어."

"그래도 원리원칙주의자인 장부장도 가만있지는 않았을 텐데요."

"물론, 그랬지. 우리 장부장이 이것저것 규정을 따지면서 추가 대 출은 힘들다고 말했지. 그랬더니 불독이사가 그 말을 확 끊어 버리 더니, '장부장. 뭔 말인지는 알겠는데. 대마불사(大馬不死)란 말도 몰라? 아기자동차 같은 대기업이 망할 리가 없잖아. 만약 규정 때문에 어려우면 아기자동차 방계회사로 자금 쏘아주고 아기자동차 보고 이면보증 쓰라고 하면 되잖아. 장사 한두 번 해? 뭐? 문제 생긴다구? 야! 문제 생기면 내가 책임지면 될 거 아냐? 장부장이 뭐라 하든 난 윗분들 설득시켜 대출집행할 거니까 입 다물고 있어!' 하고 막 쏟아 붓더니 휙 하고 가버리더라구. 그 다음 날 바로 대출집행 되었잖아. 허, 참. 우리 심사부 의견은 안중에도 없었다니까."

정재영 주임은 아직도 분이 풀리지 않았는지 상기된 얼굴로 자신의 빈 잔에 술을 따르더니 원샷을 했다.

"그래도. 불독이사가 호탕하고 일은 잘하잖아. 추진력도 있고 말이야. 솔직히 지금까지 불독이사가 우리 기업금융부에 와서 올린 실적을 보라고 작년에도 여신 5조 달성으로 그룹에서도 상을 받았잖아. 그것 때문에 우리가 먹고사는 거야."

그동안 심사부 정재영 주임의 말이 못마땅한 듯 듣고 있던 마대식 주임이 입을 뗐다.

"아니, 마주임. 그래도 그게 아니지. 금융이란 게 뭔데? 규모가 커진다고 다 좋은 거야? 리스크를 생각해야지. 특히 우리같이 외화 차입을 해서 대출을 해주는 회사는 예대마진도 중요하지만 우량 대출처를 다양화해서 위험분산도 해야 하는 거야."

심사부의 정재영 주임이 발끈해서 말을 받아쳤다.

"리스크 관리도 정도껏 해야지. 설령 아기자동차가 어렵다고 하자구. 그럼 정부가 아기자동차 망하도록 그냥 놔둘 거 같아? 정주임은 영업부서가 아니라서 모르는 것 같은데. 이것저것 다 따지면 정말 영업하기 어려워. 실적 올리려면 위험도 어느 정도 감수해야 하는 거야. 그러니까, 심사부가 만날 공무원 같다는 소릴 듣는 거야."

"뭐, 뭐라구? 공무원 같다고? 마주임, 좀 심한 거 아냐?"

갑자기 술자리의 분위기가 어색해져 버렸다.

"아이~, 오늘 같은 친목도모 자리에서 두 분 왜들 그러세요. 심사부 정주임님 말도 맞고, 기업금융부 마주임님 말도 맞는 거 같네요. 그래서 균형과 견제 아니겠습니까? 자 자, 제 술 한잔 받으세요."

나준수가 분위기를 달래 보려고 술병을 들고 이렇게 말했다.

그래도 마대식 주임은 성격이 호탕했다. 나준수의 중재에 누그러들었는지 멋쩍게 웃으며 나준수의 술을 받았다. 그리고 정재영 주임에게도 한잔 따르며 이렇게 말했다.

"그래 정주임, 내가 말이 좀 심했던 거 같아. 회사 이야기는 이제 그만하자고. 나준수 씨 말처럼 오늘은 친목도모 자리잖아."

"그래, 나도 너무 오버한 거 같아."

정재영 주임도 마대식 주임의 화해 제의에 순순히 응했다.

"하지만, 그냥 넘어갈 문제는 아니죠!"

그때 끼어든 것은 그동안 별말 없이 술잔만 기울이던 최기봉이었다.

"제가 경영기획부에서 기획·회계담당 아닙니까? 요즘 우리 회사 좀 심각해요. 그룹이나 경영진이나 모두 규모 확장을 내세우는데, 전 아니라고 봐요. 지금 우리 회사 외화차입은 거의가 다 만기 1년짜리 차입이잖아요. 그런데 기업체에 나가는 여신은 대부분이 장기 시설자금이나 리스예요. 지금이야 해외 금융기관에서 외화차입을 1년씩 자동 연장해주니 별 탈은 없겠지만, 만약 연장을 안 해주는 상황이 발생한다면 그야말로 아찔합니다. 이러한 기간 미스매치(mismatch) 문제는 심각하게 고려해 봐야죠. 게다가 요즘엔 국내 기업은 과잉설비 때문에 예전처럼 우리 회사에서 돈도 잘 안 빌려요. 더 이상 비싼 이자 주며 돈을 빌려 공장을 지을 필요가 없으니까요. 그러니까 최근 국제금융부에서 동남아 쪽 기업들에게 장기 대출을 해주는 거잖아요. 신용도가 우리 기업보다 훨씬 낮은 데도 겁없이 돈이 나가죠. 이 또한 심각한 문제라고 생각해요."

"아니, 최기봉 씨는 신입주제에 뭘 안다고 그러는 거야? 하여튼, 후선 부서 애들은 이래서 안 된다니까."

듣고 있던 마대식 주임이 다시 버럭 소리를 질렀다.

"자 자, 이제 그만들 하시죠. 그래도 월급 많이 나오잖아요. 그럼 됐죠. 허허."

이번엔 기업금융부의 박상원 사원이 험악한 분위기를 무마하기 시작했다. 그날 술자리는 친목도모로 시작해서 관계 악화로 막을 내렸다. 물론, 당시에는 누구의 말이 옳은지 판단하기 쉽지 않았을 것이다. 어차피 세상에는 절대적으로 옳은 것도 절대적으로 그른 것도 없으니 말이다.

다만, 그 이후에 외환위기가 터졌고, 동남아 국가들이 하나 둘씩 무너졌고 대마불사라고 그렇게 믿었던 아기자동차마저 디폴트(default)를 선언했다. 그 때문에 나준수가 다니던 종금사는 아기자동차에 1만 5천억 원이 물렸다. 심사부 정재영 주임이나 경영기획부 최기봉이 지적한 사항이 원인이 되었는지 어떤지는 논쟁거리로 남아 있지만, 여하튼 그들이 다니던 회사도 1999년 말경에 험난한 파고를 맞이하게 되었던 것만은 확실한 사실이었다.

난, 'N 분의 1'은 싫어

    마대식 주임은 최기봉을 그다지 좋아하지 않았다. 최기봉의 업무가 기획과 회계 쪽이었기 때문에 매 분기나 연말결산 때마다 영업부서에 자료를 요청할 수밖에 없었는데, 그때마다 기업금융부의 마대식 주임과 마찰이 있었다. 최기봉의 입장에서는 매번 자료를 취합할 때마다 기업금융부에서 제출하는 자료가 특히 누락이나 오기가 많았기 때문에 이에 대한 시정을 지속적으로 요구했다.

    하지만, 마대식 주임은 그럴 때마다 실무를 하다 보면 놓치는 것도 생길 수 있는 데 최기봉이 너무 융통성없이 규정만 강조한다며 못마땅하게 생각했다. 특히 최기봉이 마대식 주임의 대학 후배임에도 불구하고 예의 없이 군다며 더더욱 그를 싫어했다. 게다가 최기봉의 성격이 재바르지 못하고 남에게 옳은 소리만 하는 타입이라 평소 음주가무를 즐기며 화끈한 기분파 마대식 주임과는 성향 자체가 틀렸다. 그래서 둘은 우연히 복도에서 마주쳐도 서로 눈을 피하기 일쑤였다.

한번은 이런 일도 있었다. 퇴근길에 어쩌다 보니 젊은 직원이 삼삼오오 모이게 되었다. 그 자리엔 단짝이었던 나준수와 최기봉도 함께 있었다. 저녁을 겸해 술을 마신 후 분위기가 무르익자 기분파 마대식 주임이 제안을 했다.

"오늘 기분도 좋은데, 음주가무를 빠뜨릴 순 없지. 'N 분의 1'로 2차 가는 거 어때? 무교동 〈불꽃〉으로 가자구."

'N 분의 1'이란 술값으로 나온 금액을 참석한 사람의 머릿수대로 나누어 각자가 부담하자는 의미이고, 〈불꽃〉이란 당시 회사직원들이 자주 들르던 단란주점이었다. 자리에 앉아 있던 모두가 좋은 생각이라며 동참을 했다.

"준수야, 난 2차 안 갈 거니 그렇게 알아."

다들 대충 자리를 정리하고 일어서는 데 최기봉이 나준수의 어깨를 툭 치더니 이렇게 말했다.

"에이 무슨 소리야. 오늘 분위기도 좋은데 같이 가자."

"아냐, 난 양주 먹는 것도 별로고, 이번 달 부가세 내는 일도 아직 못 마쳤거든. 다시 사무실로 들어가서 마저 일 끝내고 바로 퇴근할 거야. 너나 따라가서 재미있게 놀아."

최기봉은 이렇게 말하고 먼저 자리를 떴다.

"어이, 그러고 보니 아까 있던 최기봉 씨가 안 보이네?"

일행이 〈불꽃〉에 도착했을 즈음 심사부의 정재영 주임이 이렇게 말했다.

"아, 예…. 아까 회사에 남은 일이 있다면서 먼저 갔습니다."

나준수가 대답을 했다.

"쳇, 그 녀석 원래 그런 놈이잖아. 모르긴 몰라도 'N 분의 1' 한다니까 돈 아까워서 그런 걸 거야. 저번에도 아무 말 안 하고 쏙 빠졌거든. 어휴, 짠돌이 녀석."

마대식 주임이 못마땅한 듯 쏘아붙였다.

"맞아요. 기봉 씨가 좀 그런 면이 있죠."

기업금융부 박상원이 맞장구를 쳤다.

"어디, 사내 녀석이 저렇게 앞뒤 꽉 막히고, 짠돌이가 되어서 무슨 성공을 하겠어? 최기봉 같은 녀석이 성공하면 내가 손에 장을 지진다, 장을 지져."

"허허, 맞아요. 맞아."

다들 술에 취한 분위기라서 그랬는지 아니면 마대식 주임의 카리스마에 눌려서 그랬는지 모두 그 말에 동조했다. 심지어 그 자리에 있었던 최기봉의 단짝인 나준수마저 그 말에 큰 반발을 하지 못했다.

"준수야, 어제 많이 마셨나 보지? 엄청 피곤해 보이는데."

다음 날 오전 10시경에 최기봉이 커피를 두 잔 빼 들고 나준수의 자리에 찾아 왔다.

"응, 어제 다들 좀 무리했지. 막판에 양주 두 병은 분명 추가로 시키지 않았던 것 같은데 테이블에 올라와 있어 생각보다 돈도 많이 나왔고 말이야."

아직 숙취에서 깨어나지 못한 충혈된 눈으로 나준수는 대답했다.

"그러게, 다음 날 이렇게 고생을 하면서 뭣 하러 마주임을 따라가냐? 이렇게 몸 버리고 돈 날리는 게 뭐가 그리 좋으냐?"

"그래도, 직장 내의 원만한 인간관계를 위해서는 어쩔 수 없잖아."

나준수는 이렇게 말하다 어제 동료들 사이에서 오고 갔던 이야기가 떠올랐다. 바로 '짠돌이'라는 이야기 말이다.

"그런데 기봉아. 너 정말 'N 분의 1' 하는 돈이 아까워 그런 자리 안 가는 거니?"

"음…, 아니라면 거짓말이겠지. 물론, 돈 쓰는 게 전부 아까운 것은 아니야. 하지만, 직장 동료들하고 굳이 그런 데 가서 도우미 불러다 놓고 양주 마시고 노래를 불러야 인간관계가 좋아지는 건 아니라고 생각하거든. 오히려 건강만 해치고…, 그런 쪽으론 정말 돈

쓰기가 아깝지."

사실 나준수가 최기봉을 알고 지낸 지가 몇 달 되지는 않지만 그동안 최기봉이 자린고비라고 생각해 본 적은 없었다. 물론, 나준수 역시 독한 술을 그다지 애호하는 스타일이 아니라 최기봉과는 간단하게 맥주나 소주 정도를 마셨고, 또한 둘은 축구를 좋아하기 때문에 주말에 조기축구회에 같이 다니거나 했기 때문에 큰돈을 쓸 일은 없었지만, 나준수가 한 번 돈을 내면 최기봉도 한 번 내고, 오히려 딴에는 최기봉이 입사 6개월 선배라며 돈을 더 낸 적이 많았기 때문이다. 하지만, 오늘 최기봉의 말은 나준수도 조금 당황이 되었다.

"아니, 그래도 사람들하고 어울리려면 어쩔 수 없잖아. 야, 누군 양주가 좋아서 그런 자리에 가냐? 남들 가자고 하니까 어쩔 수 없이 따라가는 거지. 혹시 'N 분의 1'이 진짜로 아까우면 다음에 내가 대신 내줄 테니 같이 가자. 분위기 깨지 말고…."

나준수가 약간 격앙된 어조로 말했다.

"난 공짜 같은 건 더더욱 싫어해. 남이 한 번 사면 언젠가는 나도 한 번 사야 한다고 생각해. 하지만, 그런 쓸데없는 일에 왜 내 돈을 쓰니? 그러니 괜히 그런데 날 끼워 넣지는 마라."

평소와 달리 최기봉은 퉁명스럽게 말하고 자기 부서로 가 버렸다.

그렇다고 최기봉이 술 자체를 싫어하는 것은 아니었다. 그야말로 술고래였다. 나준수가 술을 썩 많이 마시지 않아서 최기봉도 나준수와의 술자리에선 자제를 해서 그렇지 부서 회식 때나 회사 단합대회에서 보여준 최기봉의 술 실력은 주당 그 자체였다. 나준수가 근무하는 리스 1부와 최기봉이 근무하는 경영기획부는 같은 층을 사용했고 또 두 부서의 부장이 서로 친하게 지내던 터라 곧잘 부서 회식을 같이하곤 했다.

그때마다 최기봉이 보여준 술 실력은 타의 추종을 불허했다. 또한, 최기봉의 노래 실력 또한 수준급이어서 부서 대항 노래경연대회에선 언제나 최기봉이 영광의 상금을 타가곤 했다. 하지만, 최기봉이 나서서 이런 술자리를 주도한 적은 없었다. 그냥 부서회식 때 주위에서 시키면 그때야 진면목을 발휘했을 뿐이다. 나준수가 보기에도 음주가무에서(춤은 빼더라도) 분명한 재능이 있는데 워낙 곰 같은 구석이 있던 터라 이를 자발적으로 발휘하기를 꺼리는 것 같았다.

하지만, 그런 면 때문인지 어떤지 마대식 주임은 최기봉이 미련 곰탱이 같다며 자주 험담을 하곤 했다. 마대식 주임은 술자리와 같은 공개적인 자리에서도 여러 번 최기봉을 폄하하는 발언을 하곤 했다. 사람들과 잘 어울리고 술값 내기 좋아하는 마대식 주임이 하는 이야기인지라 대부분의 사람은 그 자리에서 맞장구를 치며 최기봉을 험담하는 데 가담하기도 했다. 나준수가 그런 자리에 있을 때면 불편해 하며 화제를 돌리려고 했지만 언제나 역부족이었다. 이런 일을 최기봉도 모르는 것은 아니었다. 그래서 최기봉 역시 마대식 주임에게 불만이 있는 듯했지만, 마대식 주임이 학교선배에다 직장상사이므로 직접적인 불만을 표시하지는 못하는 듯하였다.

정체가 드러나는 최기봉의 꿀단지

최기봉을 알고 지낸 지 6개월 정도 되던 때였다. 나준수는 평소 자주 점심을 같이 먹던 최기봉이 매월 특정한 날이 되면 혼자서 어디론가 사라진다는 사실을 알게 되었다. 그날은 다름 아닌 월급날이었다. 당시에만 해도 월급은 명세표가 전산으로 인쇄된 큰 봉투에 현금을 넣어서 지급했다. 물론, 이런 방식은 1~2년이 지난 후에는 월급통장에 자동이체하는 것으로 바뀌었지만 말이다.

나준수는 최기봉의 행동에 처음엔 그러려니 했었다. 하지만, 매달 월급날 최기봉이 점심때만 되면 다급하게 사무실을 비우는 걸 보고 점점 더 의아하게 생각했다. 한번은 월급날 오전 일찍부터 최기봉을 찾아갔다.

"가만 보니, 매달 월급날만 되면 점심시간에 다급하게 사라지더라. 어디 꿀단지라도 숨겨 놓은 거야?"

"꿀단지? 음…, 뭐 꿀단지라고 표현해도 틀린 말은 아닌 것 같네."

최기봉이 기분 좋은 표정으로 이렇게 대꾸를 했다.

"뭐? 정말 꿀단지가 있어? 그게 뭔데? 궁금하네."

나준수는 호기심에 찬 표정으로 이렇게 말했다.

"정 알고 싶으면 점심때 같이 가자구. 대신 평소보다 한 10분 일찍 나가야 할 거야."

"그건 왜?"

"원래 꿀단지에는 여러 사람이 모이잖아. 남들보다 서둘러야 자기 것이 되지 않겠어?"

이렇듯 알 수 없는 대답을 하는 최기봉의 표정은 기쁨에 차 있었다.

드디어 점심시간이 되었다. 점심시간이 되기까지 2시간이 채 지나지도 않았건만 그래도 나준수에게는 궁금해서 못 견딜 시간이었다.

"어이, 기봉. 빨리 가자구. 10분 일찍 서두르라고 했잖아?"

"그렇지. 자 그럼 나가자."

최기봉은 오전에 받은 월급봉투와 검은색 작은 남자용 손가방을 들고 자리를 나섰다.

"월급봉투는 또 왜?"

"글쎄 따라와 보면 안다니까?"

최기봉이 나준수를 데리고 간 곳은 회사 길 건너편의 '밀감투자신탁'이었다.

"야, 여기는 웬일로? 꿀단지 보여준다더니…."

여전히 나준수는 의아해 하는 표정으로 이렇게 물었다.

"여기가 바로 꿀단지거든. 점심시간 되면 창구에 사람이 북적이니까 대략 10분 정도 빨리 온 거야."

최기봉은 대기자 번호표를 뽑고 소파에 앉았다. 얼마 되지 않아 스피커에서 "8번 손님 3번 창구로 오세요." 하는 창구 여직원의 상냥한 목소리가 들렸다.

"내 차례가 됐네."

최기봉은 3번 창구로 갔고 나준수도 함께 따라갔다. 당시만 해도 자동이체도 없었고 인터넷 뱅킹도 없었을 때이다. 따라서 신탁상품*에 매달 돈을 넣기 위해서는 투자신탁 지점을 직접 방문해야 했다. 여기서 신탁상품*이라 함은 수익증권*으로 오늘날 펀드상품*과 같은 개념이라고 생각하면 된다. 요즘엔 펀드상품을 은행이나 증권사 심지어 보험사에서도 가입할 수 있지만 당시만 하더라도 거의 대부분이 투자신탁회사라는 금융회사의 지점에 직접 가야만 이러한 상품에 가입할 수 있었다.

"어머, 이번 달도 어김없이 21일에 오셨네요. 정말 고객님 회사는 좋은 것 같아요. 매번 월급날도 정확하니까요. 이번 달도 200만 원 입금 맞으시죠."

투자신탁의 창구 여직원은 마치 단골가게에서 손님을 맞이하듯 최기봉을 맞이하는 것이었다.

"예? 이 친구가 매달 200만 원씩이나 입금을 한다구요?"

나준수가 놀란 듯이 창구 여직원에게 이야기했다.

"그럼요. 최기봉 고객님은 우리 지점 우수고객이랍니다. 매달 월급날만 되면 한 달도 그르지 않고 꼬박꼬박 저희 지점을 방문하셔서 수익증권에 예치를 하시거든요. 그것도 자그마치 200만 원씩. 고객님 회사는 월급도 엄청 많이 주시나 봐요? 월급을 쪼개어 예금을 한다고 해도 그 많은 돈을 한꺼번에 하려면 쉽지 않으실 텐데. 혹시 월급이 천만 원 정도는 되나 봐요. 호호호."

"아~ 그렇죠. 우리 회사 월급이 원래 좀 많습니다. 한 달에 1억 정도 받죠, 뭐…. 허허허."

나준수는 가벼운 농담으로 창구 여직원의 이야기를 받아쳤지만 최기봉의 예금 행각(?)에는 적지 않은 충격을 받은 듯했다.

신탁상품* · 수익증권* · 펀드상품*

현재 우리가 흔히들 펀드상품이라고 부르는 것을 1995년 당시만 해도 신탁상품 또는 수익증권이라고 불렀다. 물론, 당시 적용되던 법과 그 형태가 오늘날의 펀드상품과는 약간의 차이는 있었지만 투자자가 맡긴 자금을 금융기관이 운용을 하여 그 실적에 따른 배당을 하는 간접투자상품이란 점에서 오늘날의 펀드와 같은 상품이라 생각하면 된다. 하지만, 당시의 신탁상품(수익증권)은 그 형태적인 측면보다는 투자자들의 인식에 있어서 오늘날의 펀드와는 적잖은 차이가 있다고 할 수 있다.

왜냐하면, 오늘날에는 투자자가 펀드상품에 가입한 후 주가가 내려 운용 실적이 나빠지면 원금까지 손실을 볼 수 있다는 것이 상식처럼 되어 있지만 당시만 해도 마치 원금이 보장되면서 은행의 정기예금보다는 금리가 조금 높은 예금상품 정도로 인식하고 있었다. 실제로 수익증권을 판매하고 운용하던 투자신탁회사에서도 고객들에게 원금손실에 대한 위험성을 크게 강조하지 않았으며 만일 운용실적 상으로는 원금손실이 발생했다 하더라도 대부분 투신사에서 자체적으로 원금을 보장해주는 관행이 있었다. 따라서 일반 투자자들은 1997년 외환위기를 맞기 전까지는 수익증권을 통해 원금손실을 볼 수 있다는 생각은 거의 하지 못했던 것이다.

근거법의 변화로 본 펀드상품의 진화 (1)

과거에는 은행에서 운용하는 신탁상품은 〈신탁업법〉, 투자신탁회사나 자산운용사에서 운용하는 수익증권(계약형 신탁상품)은 〈증권투자신탁업법〉 그리고 뮤추얼펀드(회사형 신탁상품)는 〈증권투자회사법〉에 근거하여 설립, 판매, 운용이 되었다. 하지만, 이렇게 제 각각의 필요에 의해 생긴 법들은 중복되는 것도 많고 동일한 사항도 다르게 해석되는 경우도 있어 그다지 효율적이지 못하였다. 따라서 간접투자상품을 효율적으로 관리, 운영하기 위해 2004년 제정되어 시행된 법이 바로 〈자산운용법(간접투자자산운용업법)〉이다.

〈자산운용법〉이 새로 만들어지면서 투자신탁회사와 자산운용사로 나눠져 있던 운용사도 자산운용사로 통합되었고, 펀드의 투자 대상도 과거 유가증권에 한해서 적용되었던 것이 부동산이나 금, 원유, 선박 등 실물자산으로 그 범위가 확대되었다. 게다가 펀드상품의 판매회사도 기존의 증권사뿐만 아니라 은행, 보험사 등으로 확대되었다. 그 외에도 사모펀드의 결성, 투자자 보호를 위한 여러 조항이 신설되었다. 이때부터 수익증권과 뮤추얼펀드의 구분도 모호해져 펀드상품이라고 부르는 것이 일반화되었다.

펀드의 진화는 여기서 끝나지 않는다. 2009년 초에 드디어 〈자본시장법(금융투자업과 자본시장에 관한 법률)〉이 시행되었다. 이 법은 여러 개로 나눠져 있는 증권시장 관련 법률을 모두 통합하고 이에 따라 여러 개로 나누어져 있던 증권관련 금융회사들이 하나로 통합되는 것을 유도하여 우리나라 금융산업의 효율성과 경쟁력을 높이는 데 그 목적이 있다.

기존의 자본시장은 증권사, 종합금융회사, 선물회사, 자산운용사, 신탁회사 등이 각각의 독자적인 법률을 가지고 군웅할거(群雄割據)를 하고 있었다. 그러다 보니 서로 중복되는 것들도 많고 시너지 효과도 나타나지 않았다. 그동안 각계에서 낙후된 우리나라 증권업계와 금융산업을 혁신하기 위해서는 이렇게 뿔뿔이 흩어져 있는 회사들을 법률적, 제도적으로 통합해야 한다는 목소리가 높았다. 이에 정부는 일명 〈자본시장법〉이라고 부르는 새로운 법을 등장시켰다.

이 법의 시행으로 기존 증권사, 자산운용사, 선물회사, 종금사, 신탁회사 등 470여 개의 금융회사는 단일 업종으로 통합되어 매매업, 중개업, 자산운용업, 투자일임업, 투자자문업, 자산보관관리업 등 6개 업무를 겸영(兼營)할 수 있게 되었다. 물론, 원할 경우 필요한 업종 한두 개만을 골라 영업할 수도 있다. 아울러 그동안 기존의 법들에 의해 제한되었던 많은 증권관련 규제들도 함께 풀리게 되었다.

근거법의 변화로 본 펀드상품의 진화 (2)

〈자본시장법〉의 시행으로 펀드를 비롯한 금융투자상품의 법적 개념이 바뀌게 된다. 과거에는 증권업을 통해 투자할 수 있는 상품이 유가증권 21개, 파생상품 4가지로 제한되어 있었다. 이는 기존 관련법들이 투자상품을 일일이 열거해 놓는 '열거주의'를 택하고 있었기 때문에 그 종류가 극히 제한적일 수밖에 없었다. 하지만, 〈자본시장법〉에서는 투자할 수 있는 상품에 대해 '포괄주의'를 택하고 있다. 다시 말해 추가적인 수익 확보를 목적으로 원금손실의 위험을 감수하는 모든 투자대상은 그 명칭과 형태를 불문하고 무조건 금융투자상품으로 정의하고 있다는 것이다. 따라서 앞으로는 날씨, 기온, 일조량이나 이산화탄소 배출권 등에 투자하는 펀드상품도 출시될 가능성이 있다.

또한, 기존의 법에는 펀드마다 그 투자자산을 지정해 놓고 있었다. 예를 들어 증권펀드는 증권에 40% 이상, 부동산펀드는 부동산에 70% 이내로 투자해야 하고, 광산, 임산물 등에 투자하는 실물펀드는 부동산에 투자할 수 없다는 등의 규제이다. 하지만 〈자본시장법〉의 실시로 이러한 규제가 철폐된다. 따라서 '혼합자산펀드'의 출현이 가능해진다. 이로 인해 일단 펀드에 가입해 놓으면 주식시장이 활황일 때는 주식에 주로 투자하고, 부동산시장이 활황일 때는 부동산에 집중 투자하는 전천후 투자펀드가 탄생할 것으로 보인다.

또한 CMA(종합자산관리계좌)가 더욱 강력해질 전망이다. 그동안 지급결제 기능은 은행 고유의 업무권한이었지만 〈자본시장법〉의 시행으로 증권업계나 보험업계에서도 소액지급결제가 가능해지기 때문이다. 이렇게 되면 CMA 통장 하나만으로도 계좌이체, 신용카드 결제, 송금 및 수시 입출금이 가능해 명실공히 종합금융서비스가 가능해진다. (기존에는 CMA 통장을 은행의 가상계좌와 연계하여 송금 및 계좌이체를 했기 때문에 은행 업무시간 이외에 또는 CMA 통장·증권계좌 간의 자금이체 등에는 제약이 있었다.)

이로써 과거에도 연 5% 이상의 이자를 받을 수 있는 CMA가 월급통장으로 각광을 받으면서 연 0.2% 이자의 은행 보통예금을 위협했는데 앞으로는 더욱더 위협적인 존재가 될 것으로 보인다.

펀드 판매구조의 진화

〈자본시장법〉은 금융상품의 판매 및 유통구조에도 커다란 변화를 야기할 것으로 보인다. 우선, '펀드판매전문회사'가 등장할 예정이다. 펀드판매전문회사란 특정 자산운용사의 펀드 판매에만 국한하지 않고 실로 다양한 펀드상품을 고객에게 판매하는 독립적인 펀드판매회사를 말한다. 현재는 은행, 증권사, 보험사 등이 판매회사이다 보니 '삼성증권·삼성자산운용'하는 식으로 자신의 관계회사의 펀드상품을 주요상품으로 판매하는 경우가 적지 않다. 해당 매장(금융기관)의 종업원(창구 직원)은 자기 매장에서 판매하는 펀드상품이 가장 좋다고 말할 수밖에 없는 구조이기 때문이다. 그만큼 고객의 선택의 폭은 줄어드는 것이다.

하지만, 펀드판매 전문회사가 생기면 상황은 달라진다. 이들 판매전문회사는 특정 자산운용사와 상관없이 정말 실적이 좋은 펀드상품을 고객들에게 적극 홍보할 것이다. 그래야, 고객의 관심을 끌 수 있기 때문이다. 굳이 가전제품으로 따지자면 '하이마트' 같은 양판점이 등장하는 것이다. 따라서 고객은 이러한 판매전문회사를 통해 특정 자산운용사에 국한되지 않고 자신의 재테크 플랜에 맞는 최상의 펀드상품을 비교 분석하고 선택할 수 있다.

또 하나의 변화가 예상된다. 현재는 펀드상품에 가입하기 위해서는 은행이나 증권사의 지점을 직접 방문해야 한다. 하지만, 이러한 불편도 〈자본시장법〉의 시행으로 사라질 것으로 보인다. 왜냐하면, 머지않아 금융투자상품에 대한 '판매권유자'가 등장할 것이기 때문이다. 판매권유자가 등장하면 직접 고객이 있는 곳을 방문을 하여 펀드나 각종 금융투자상품을 판매할 수 있게 된다. 이는 LP(Life Planner)들이 직접 사무실이나 가정을 방문하여 보험상품 설명에서 보험가입계약까지 원스톱으로 처리하는 것과 같다고 생각하면 된다.

이제는 막연히 '나도 펀드 하나쯤은 가입해야 하는데…' 하고 생각하면서도 막상 바쁘다는 핑계로 금융기관을 찾지 못하던 일반인에게도 각종 투자지식과 자산관리기법으로 무장한 판매권유자들이 노크를 할 것이다. 물론, 이들에게는 명확한 책임이 주어진다. 펀드와 같은 금융투자상품을 권유할 때는 상품의 내용과 투자위험을 고객에게 상세히 설명해야 하며 이를 고객이 충분히 이해를 했는지에 대한 여부를 반드시 확인하도록 규정하고 있다.

만약에 고객이 펀드투자 후 손실을 봤는데 가입 당시 해당 펀드의 투자위험에 대해 충분한 설명을 듣지 못했다고 한다면 그 손실액을 물어줘야 한다. 따라서 지금과 같이 어려운 용어로 깨알같이 쓰여있는 펀드약관을 대충 보여준 다음 얼렁뚱땅 펀드를 팔았다간 큰 코를 다치게 될 것이다. 이러한 제도적 변화는 펀드상품에 대한 일반인들의 접근성을 더욱더 용이하게 할 것이다.

일을 마치고 두 사람은 '밀감투자신탁'을 나와서 회사 옆 칼국수집에 들렀다. 바지락 칼국수를 먹으며 나준수가 입을 열었다.

"너, 입사 후 매달 이렇게 예금을 한 거니? 정말 대단하다. 그것도 매달 200만 원씩 하고 있었다니! 아무리 우리가 월급을 많이 받는다 해도 한 달에 220~230만 원 정도 받는 것인데 그중에서 200만 원을 덜컥 예금하고 나면 그 다음엔 뭘 먹고사니?"

"허허, 20~30만 원이면 충분히 먹고살지. 뭐가 문제냐? 사실 난 너와 달리 부모님 집에서 살고 있잖아. 아침, 저녁은 집에서 먹고 점심은 회사 구내식당이나 아니면 이렇게 회사 근처에서 사먹으면 되고, 출퇴근은 버스랑 지하철 갈아타면 되고, 나머진 가끔 술 한잔

먹는 건데 큰돈 들어갈 일이 별로 없잖아."

"그래 카드대금 고지서에 고작 45,000원 나왔을 때부터 뭔가 심
상치는 않았었지. 사실 저번에 기업금융부 마주임이 너보고 짠돌이
라 놀리더니 정말 짠돌이가 맞긴 맞구나. 어떻게 그렇게 사니? 가끔
친구나 후배 만나서 단란주점에서 카드 긁기도 하고, 사고 싶은 카
메라나 미니컴포넌트 이런 것도 있을 거 아냐?"

나준수는 여전히 이해 안 가는 듯한 표정으로 이렇게 물었다.

"그거야 사람 기호차이인데, 난 너도 알다시피 단란주점 가는 것
안 좋아하잖아. 그리고 집에 미니컴포넌트나 TV도 다 있고, 카메라
는 형이 쓰는 거 가끔 빌려 쓰면 되고 취미 생활은 조기축구니까 별
로 돈 안 들고 솔직히 돈 쓸 일이 별로 없어. 뭐…, 또 모르지 나중
에 여자친구 생기면 데이트 비용이 좀 들 수도 있겠지만…."

"너 그렇게 사는 게 재미있냐?"

"응, 아직까지는…. 너 아까 오전에 꿀단지라도 숨겨 놨냐고 말했
잖니. 그래, 세상에서 제일 달콤한 게 꿀 아니겠니? 내 꿀단지는 바
로 이거거든."

그러면서 최기봉은 와이셔츠 가슴주머니에 꽂아 놓은 수익증권
통장을 '스윽' 들어올렸다.

"쓰고 싶은 것 못 쓰고 사고 싶은 것 못 사면서 모으는 게 무슨
꿀단지야?"

나준수가 이렇게 받아쳤다.

"허허, 모르는 소리. 너도 상경계 출신이니 그것 잘 알겠구나. 경제학에서 합리적인 사람이라면 최대한의 효용을 추구하기 위한 의사결정을 하잖아. 그리고 이러한 효용함수는 사람마다 제각각 다르잖아. 나는 이 통장에 찍히는 숫자가 점점 커지는 걸 보면서 엄청난 재미와 기쁨을 느끼거든. 소비보다 저축에 치우쳐 있는 그게 바로 내 효용함수야. 억지로 참고 인내하면서 돈을 모으는 게 아니란 말이지. 그야말로 즐기는 것이지."

"뭐, 소비하는 것보다 저축하는 게 더 즐겁다고? 그런 걸 즐긴다는 말을 나보고 믿으란 말이야?"

최기봉의 이야기가 억지라는 듯이 나준수는 되물었다.

"물론이지. 난 그걸 즐긴다니까. 어떤 일이든 남들은 이해 못 하는 그 나름의 재미가 있게 마련이거든. 너 우리가 매주 일요일마다 조기축구를 하잖아. 그걸 누가 강제로 시켜서 하냐? 우리가 축구를 워낙 재미있어 하니까 하는 거 아냐. 하지만, 그 재미를 모르는 사람이 보면 도저히 이해를 못 할거야. 일요일만큼이라도 늦잠을 자야지 그게 무슨 고생이냐고 말이야.

너 우리 부서에 최은영 씨 있잖아. 매일 아침 완벽한 화장에 멋진 헤어스타일. 하루도 빠지지 않고 아침 일찍 일어나 그걸 하는 걸 보면 정말 귀찮지도 않나 하고 말한 적 있지? 하지만, 최은영 씨에게 물어보면 가끔씩 귀찮을 때도 있지만 화장이 잘 먹을 때면 얼마나 기쁘고 자신감이 생기는지 남자들은 모를 거라고 하잖아. 내가 매달 수익증권에 돈을 넣는 것도 그와 같은 맥락에서 이해해주길 바래. 매달 늘어나는 통장 잔고를 보면서 느끼는 희열을 경험해보지 않고서 함부로 이야기해선 안 되는 거야."

종자돈 모으기는 나에겐 취미나 레저야

그날 퇴근을 하고 자취 집에 들어온 나준수는 여러 생각에 잠겼다. 최기봉의 이야기를 100% 수긍할 수는 없었지만 그의 통장에 찍힌 금액은 나준수에게도 많은 생각을 하게 하였다.

'기봉이는 입사한 지 1년 만에 벌써 3천만 원에 가까운 목돈을 모았구나. 난 입사한 지 6개월이 지났는데 그동안 뭘 했을까?'

고등학교 다닐 때 아버지의 부도로 집안이 몰락하고 어렵게 공부해서 서울의 명문대학에 입학한 나준수이었다. 학창시절 경제사정이 어려워 남들 다하는 하숙생활도 한번 하지 못하고 줄곧 보증금 300만 원에 월 10만 원씩 하는 자취생활만 했었다. 게다가 나준수는 대학 3학년 때 아버지 사망으로 회계사 준비를 중도에 포기했다. 나준수의 아버지는 사업이 망하고 어떻게든 재기를 해보려고 했으나 그에 따른 과중한 스트레스와 과음으로 간암 선고를 받고 3개월이 채 지나지 않아 사망을 했던 것이다. 물론, 서울에서 공부하는 아들이 걱정되어 끝까지 자신이 간암이란 사실을 아들에게 알리지 않으셨던 아버지였다. 그래서 나준수는 아버지가 사망하기 이틀 전에 집으로부터 급히 연락을 받았었다. 그 후 아버지 병상에서 하룻밤을 보낸 것이 마지막이었다.

'전쟁을 하더라도 군량미가 충분해야 하듯이, 회계사 시험을 보려고 해도 집안 형편이 받쳐 줘야지.' 나준수는 이렇게 생각하고 회계사 시험을 포기했다. 그리고 이듬해 대한민국에서 제일 돈 많이 준다는 종금사에 입사를 했다. 하루빨리 지긋지긋한 가난에서 벗어나고 싶었다. 입사를 한 후 나준수의 생활은 많이 바뀌었다. 우선 근처의 번듯한 원룸으로 옮겼다. 고향에 홀로 계신 어머니에게도 적지 않은 생활비를 보낼 수 있었다. 대학시절 돈이 없어 생색도 못 내던 후배들에게 가끔 거나하게 술을 살 수도 있었다. 그동안 가지고 싶었던 카메라와 미니컴포넌트 등 여러 가전제품도 구입을 했다. 가끔은 여자친구와 근사한 레스토랑에서 식사를 하기도 했다. '돈이란 게 참 좋긴 좋구나.' 나준수는 그렇게 업그레이드(?)된 자신의 생활에 만족하며 별 불만 없이 6개월을 보냈던 것이다. 하지만, 오늘 최기봉의 통장을 보고 나준수는 여러 생각에 잠기지 않을 수가 없었다.

'내가 정말 잘 살고 있는 것일까? 가난이 싫어서 회계사의 꿈을 접고 돈 많이 준다는 종금사에 입사를 했는데 몇 개월 동안 이렇게 흥청망청 쓰다 보니 여전히 통장은 텅텅 비어있다. 매달 카드결제일에 대금을 납부하고 나면 남는 게 거의 없는 다람쥐 쳇바퀴를 돌고 있는 게 아닌가? 최기봉은 집안이 그렇게 가난하지 않은데도 저렇게 꾸준히 자신만의 종자돈을 모아가는데 나는 쥐뿔도 없으면서 당장 월급으로 여유가 생기니까 개념 없이 돈을 써 온 것 아닌가!'

생각이 여기까지 미치자 나준수는 자신이 한없이 부끄럽고 최기봉이 새롭게 보이기 시작했다. 정말 그는 이를 악물고 허리띠를 졸라매며 종자돈을 모으고 있는 게 아니라, 이를 마치 하나의 레저처럼 즐기고 있는 듯했다. '종자돈 모으기는 나에게 있어서 일종의 취미이자 레저야. 허허허.' 나준수는 수익증권 통장에 불어난 돈을 바라보면서 흐뭇하게 웃고 있는 최기봉의 얼굴이 자꾸 떠올랐다. 그것은 너무나 행복하고 해맑은 얼굴이 아닐 수 없었다.

두꺼운 지갑은 천박하다는 증거야

그러고 보니 최기봉의 특이한 점이 또 하나 떠올랐다. 최기봉과 서로 말을 놓기로 했을 무렵이다. 아마 알고 지낸 지 두어 달 정도 되었을 때인 것 같다. 당시 유행했던 안성기 주연의 영화 〈영원한 제국〉을 함께 보러 가기로 했다. 그때만 해도 주5일 근무가 아니었다. 대부분의 직장이 토요일 출근을 해서 2시 넘게 일을 하고 퇴근을 하던 시절이다. 나준수는 최기봉과 함께 업무를 마치고 영화관으로 갔다. 앞서도 말했지만 최기봉은 결코 경우에 어긋나는 자린고비가 아니었다. 남에게 전혀 베풀지 않으며 공짜만 밝히는 그런 부류의 사람은 결코 아니란 것이다. 오히려 최기봉은 남에게 비싼 것을 얻어먹는 것도 낭비라고 생각하는 사람이다. 자신도 필요 이상으로 비싼 호의를 베풀지 않지만 반대로 필요 이상으로 비싼 공짜도 바라지 않는 게 그의 소신이었다. 물론, 이런 점은 나준수의 입장에서는 별로 불편하거나 문제가 되지 않았다. 나준수는 어떠한 상황이든 잘 적응하는 타입이었다. 마대식 주임이 양주를 좋아하니 그와 있을 때면 흔쾌히 양주를 마셨지만, 최기봉이 비싼 양주를 싫어하고 단란주점을 싫어하니 나준수도 그와 만날 때는 결코 그런 술집으로 가자고 하지 않았으니까 말이다. 여하튼 이번 영화관람은 한사코 최기봉이 쏘겠다고 했다. 일전에 나준수에게 두 번이나 저녁을 얻어먹었으니 당연히 자신이 돈을 내야 한다는 것이었다.

"그래, 정 그렇다면 네가 쏘도록 허락하지…. 허허."

영화관 앞에서 나준수가 말했다. 하지만, 이내 나준수는 최기봉의 얼굴이 굳어지는 것을 보았다.

"아니, 왜 무슨 문제라도 생긴 거야?"

"그게 아니고 난 지갑에 만 원짜리 두어 장은 있을 줄 알았는데 돈이 약간 모자라네."

최기봉이 조금 당황한 기색으로 나준수에게 말했다.

"그럼 내가 영화비를 낼게."

나준수는 대수롭지 않은 일로 그러냐는 표정으로 이렇게 말하고 자신의 호주머니에서 지갑을 꺼내려고 했다. 하지만 최기봉은 극구 만류를 했다.

"그래도 남아일언 중천금인데, 내가 내겠다고 했으니 내가 내야지. 이 근처에 현금자동출금기 같은 거 없을까?"

그렇다. 요즘은 3,000원짜리 커피 한 잔을 마시는 데도 신용카드 결제가 가능하지만, 1995년 당시만 해도 신용카드를 받는 곳이 그리 흔하지 않았다. 대부분이 현금으로 결제를 하던 시절이었다. 신용카드는 비싼 레스토랑이나 술집에서 이용하는 결제수단으로 인식하고 있던 때였다. 여기서 영화관도 예외는 아니었다. 또한, 토요일 오후 은행 영업시간이 끝나면 현금을 찾기도 쉽지 않았다. 물론, 은행에서 운영하는 '365일 코너'나 편의점에 설치된 '은행공용 현금출금기'가 있긴 있었지만 모든 은행지점이나 모든 편의점에 설치되어 있는 것은 아니었다. 따라서 당시만 해도 사람들은 지갑에 두둑하게 만 원짜리 지폐나 아니면 십만 원짜리 수표를 몇 장 가지고 다녔었다. 그러고 보면 그리 길지 않은 시간에 우리는 완전한 신용사회로 접어든 것 같다.

지금은 식당에서 5,000원짜리 밥을 먹고서도 신용카드를 내민다. 심지어 편의점에서 1,000원짜리 잡화를 사면서도 신용카드를 내민다. 그만큼 전산시스템뿐만 아니라 사람들의 인식도 바뀐 것이다. 정말 편리하고 발전한 세상에 살고 있는 것이다. 중국이나 동남아시아를 여행해본 사람이라면 우리가 그동안 얼마나 발전했는가를 어렵지 않게 알 수 있다.

아직까지 중국이나 동남아의 일반 음식점에선 신용카드를 내밀면 손사래를 치는 곳이 적지 않다. 따라서 이들 나라에서 신용카드 때문에 적잖게 불편을 겪었던 사람들은 우리나라의 편리한 신용카드 결제시스템에 대해 찬양을 한다. '신용사회가 완전히 정착된 대한민국'이라고 말이다.

하지만, 이러한 발전과 편리의 다른 면에는 어두운 그림자가 드리워져 있다. 신용불량자 260만 명이라는 그림자 말이다. 사용하기 쉽고 언제, 어디서나 받아주는 신용카드 덕분에 우리의 소비생활은 무계획적이고 무책임하게 변해 버렸다는 사실 말이다.

신용카드란 빚을 내어 물건을 사고 유흥을 즐기도록 사람들을 유혹하는 물건이다. 물론, 신용카드 사업은 정부가 인허가를 내어준 신용카드회사만이 할 수 있다. 그러니까 국민들의 안위를 책임져야 할 정부가 합법적으로 국민들이 빚을 내어 필요 이상의 소비를 할 수 있도록 조장하는 것이나 다름없다. 경마나 카지노, 복권처럼 정부가 나서서 사행심을 조장하는 자본주의의 아이러니한 제도 중의 하나다.

이러한 신용카드는 1949년 미국의 한 레스토랑에서 저녁식사를 '외상'으로 먹게 하기 위해 고안된 다이너스 클럽 카드(Diners Club Card)에서 유래되었다고 한다. 다시 말해 고급 레스토랑에서 매출을 늘리기 위해 당장 돈을 가지고 있지 않더라도 소비를 할 수 있도록 카드를 만들어 준 것이니 그 시작부터가 장사하는 사람의 속셈이 보이는 것이다. 여기서 '외상'의 개념 또한 장사를 위한 하나의 전략으로 고안된 것이다. 당시 미국에서 외상이란 제도가 처음 나왔을 때 한 유력 일간지는 외상에 대해 우려하는 어조로 이렇게 말했다고 한다. '이 요술과 같은 단어가 있기 때문에 미국 국민은 빈 주머니로 시내에 가서 한 보따리 가득 사치품을 싸들고 귀가한다.'

(『소유의 종말』 제레미 리프킨 著, 민음사 刊, 재인용)

여하튼 1995년 당시엔 아무 곳에서나 신용카드를 북북 그을 수 있는 상황이 아니었기에 웬만한 직장인이라면 십만 원짜리 수표는 아니더라도 만 원짜리 지폐는 몇 장씩 지갑에 넣고 다니는 게 정상이었다. 하지만, 당시 최기봉의 지갑은 만 원짜리 달랑 한 장이 고작이었다. 그날은 다행히 근처 편의점에서 은행공용 현금출금기를 발견하여 돈을 찾을 수 있었다. 물론, 짠돌이 최기봉 입장에서는 상당히 비싼(?) 출금 수수료를 부담하고서 말이다. 영화를 다 보고 두 사람은 극장 밖으로 빠져나왔다.

"영화, 괜찮네."

영화를 관람한 최기봉은 흡족한 표정으로 입을 뗐다.

"그래 영화는 생각대로 재미있었어. 그런데 기봉이 넌, 원래 지갑에 거의 돈을 넣고 다니지 않는 거야?"

영화관에 들어가기 전 현금출금기를 찾느라 한바탕 소동을 한 게 생각났는지 나준수가 이렇게 물었다.

"응, 그래도 무슨 일이 있으면 미리 돈을 조금 찾긴 찾는 데 오늘은 오전에 우리 신부장이 갑자기 시킨 일이 있어서 그것 처리하느라 깜빡했지 뭐야?"

최기봉은 대수롭지 않게 대답을 했다.

"아니, 그래도 사회 생활하는 사람이 만 원짜리 달랑 한 장이 뭐냐? 비상시에 무슨 일이 생길지도 모르는데 평소에 이렇게 두둑하게 넣고 다녀야지."

나준수는 자신의 지갑을 꺼내 자랑스럽게 최기봉에게 보여주었다. 최기봉은 나준수의 지갑을 찬찬히 살펴보았다. 지갑엔 십만 원짜리 수표 두 장과 만 원짜리 열 몇 장이 꽂혀 있었다. 현금뿐만이 아니었다. LG, 삼성카드에다 각종 은행의 BC, 비자, 마스터카드와 심지어 당시에는 아무에게나 쉽게 발급해 주지 않는다는 아멕스카드까지 나란히 정렬되어 있었다. 그 많은 카드와 현금으로 인해 나준수의 지갑은 빵빵하다 못해 터져 나올 것만 같았다. 이러한 자신의 지갑을 열심히 살펴보는 최기봉을 보고 나준수는 내심 흐뭇했다. 대학시절 천으로 만든 지갑에 들어가 있는 건 만 원짜리 한두 장이 고작이었다. 어떨 때는 그것조차도 없었다. 하지만, 이제 입사한 지 겨우 두어 달 남짓 되었는데 그의 지갑은 엄청나게 바뀐 것이다. 윤기가 흐르는 가죽 지갑에 대학시절에 비하면 정말 엄청난 액수의 현금과 신용카드가 나준수 자신의 소유라는 것이 그에게는 감동으로까지 다가왔다.

"쓸데없이 이렇게 많이 가지고 다니면 뭐하나?"

최기봉이 말했다. 나준수의 감동에 찬물을 끼얹는 말이었다.

"왜? 취직을 했으니 이 정도는 가지고 다녀야 하지 않니?"

"내가 준수 너랑 친구로 지내지만, 직장은 6개월 선배 아니냐? 그래서 말인데, 직장생활 처음부터 알뜰하게 잘해야 해. 괜히 겉멋만 들어 우쭐거리다간 남는 건 카드고지서에 빚밖에 없어. 무슨 놈의 카드가 이리도 많아. 대학 다닐 때 처럼은 아니더라도 이제 입사 6개월 좀 지났는데 이건 좀 심하지 않니?"

최기봉의 말이 틀린 건 아니지만 순간 나준수는 기분이 확 상했다.

"사회생활 하는 데 이 정도는 가지고 다녀야지. 우리 회사 월급도 센데 뭘 그러냐? 게다가 카드야 내가 만들었냐? 우리 회사 다니다 보면, 신용카드회사에서 제발 만들어 달라고 해서 어쩔 수 없이 만드는 거 너도 잘 알잖아?"

당시 종금사의 직원은 급여수준이 높다는 이유로 금융기관의 신용도 평점이 상당히 높았다. 게다가 제2금융권이었던 종금사는 제1금융권인 은행으로부터 원활한 업무협조가 필요했던 터라 이런저런 이유로 온갖 신용카드의 가입권유에 시달릴 수밖에 없었다. 종금사 신입사원 연수시절부터 각종 카드사에서 내방해서 단체 가입

을 권유했으니까 말이다.

물론, 지금도 은행에서 대출을 받거나 업무차 지점을 방문할 때 창구직원들이 신용카드 가입을 권유한다. 아마 적지 않은 사람들이 이런 난처한 경험을 당해봤으리라 생각한다. 특히 아이러니한 것은 은행에 대출을 받으러 온 사람에게 추가적으로 신용카드 가입을 권유하는 것이다. 돈을 빌리는 사람의 신용도를 감시해야 할 은행이 빚을 더 내어 소비를 더 하라며 신용카드를 만들 것을 은근히 강요하는 것은 일단 팔고 보자는 외형확장 위주의 영업마인드가 신용카드 업계에 아직도 남아 있기 때문일 것이다. 2003년 말, LG신용카드 사태로 큰 교훈을 얻었음 직한 신용카드회사가 아직도 이런 마인드를 가지고 있다는 게 못내 아쉽다.

"물론, 카드야 우리 회사 다니다 보면 만들지 않을 수는 없지만, 난 그거 대부분 다 가위로 잘라버리거든. 솔직히 우리가 그 많은 카드 뭐가 필요하냐? 그게 다 빚이잖아. 그리고 난 개인적으로 지갑에다 신용카드를 몇 장씩 꽂고 다니는 거 보면 정말 천박하게 보이더라. '나는 잠재적인 빚쟁이입니다.'라고 광고하고 다니는 거와 뭐가 다르냐?"

평소에 말 수가 그리 많지 않은 편인 최기봉이 그날따라 얼굴까지 붉히며 말을 계속 이어갔던 걸 나준수는 기억한다.

"그래서 난 신용카드도 꼭 한 장만 들고 다니고 현금도 용돈 정도만 1주일치씩 나누어서 들고 다니거든. 견물생심이라고 많이 들고 다니면 많이 쓸 수밖에 없어. 게다가 뭉칫돈을 들고 다니다 보면 내가 얼마 동안에 얼마를 썼는지 제대로 파악하기도 어렵지. 한마디로 소비습관이 망가져 버리는 거야. 물론, 오늘같이 너에게 영화 보여주겠다 해놓고 돈을 미리 못 찾아 놓아 당황스러운 그런 때도 가끔은 있어. 하지만, 그런 거 잠시 불편하다고 해서 필요 이상의 돈을 지갑에 넣어 다닐 필요는 없다고 생각해. 정작 중요한 것은 합리적으로 소비를 통제하는 시스템을 만드는 것인데 그러려면 1주일 단위로 용돈을 쪼개서 들고 다니는 게 제일 좋거든."

"우리 회사 월급도 많은데 기봉이 넌, 뭘 그리 빡빡하게 사냐? 대충 좀 하지…."

최기봉의 훈계에 다소 기분이 상했는지 나준수는 이렇게 투덜거리며 대응을 했다.

"너 우리 회사 돈 많이 준다고 지금 오버하고 있는 것 같은데, 우리 회사 선배들 중에서도 빚 때문에 속앓이 하는 사람 적지 않아. 카드 빚에 주식 하다 말아먹은 돈에, 겉보기엔 모르겠지만 알고 보면 빚 좋은 개살구들도 많아. 특히, 준수 넌 집안 사정도 어렵다고 하면서 남들처럼 흥청망청해서야 되겠니?"

아무튼, 그날 영화보고 저녁에 소주 한잔 하자든 계획은 나준수의 지갑 덕분에 흐지부지되었다. 하지만, 그때만 해도 나준수는 자신의 신분변화에 취해 있던 상황이었고 그래서 최기봉의 조언이 귀에 들어오지는 않았다. 다만, 최기봉의 사람 좋음에 끌렸기 때문에 그날 이후에도 나준수는 최기봉과 계속 단짝처럼 붙어다녔다. 나준수가 다른 친구나 직장동료와는 가끔 고급 술집에도 가곤 했지만 최기봉과는 함께 간 적도, 가자고 보챈 적도 없었던 것은 아마 그날 알게 된 최기봉의 확고한 소비철학을 존중해주고 싶었는지도 모른다.

'그래, 그때는 잘 몰랐는데 오늘 최기봉의 통장을 보니 그 말이 맞는 것 같기도 하군. 기봉이보다 훨씬 가난한 내가 아무런 준비도 없이 그냥 흥청망청 6개월을 보낸 거야.'

혼자 자취방에 누워있던 나준수의 귓가엔 '두꺼운 지갑은 천박한 거야!'라고 말하는 최기봉의 목소리가 계속 맴돌아 잠을 쉽게 이루지 못했다.

현금흐름부터 파악하라구

"최기봉, 좋은 아침이야. 커피나 한잔 하시지."

다음 날 출근한 최기봉을 보고 나준수는 밝고 힘찬 목소리로 이렇게 인사를 했다.

"그래, 좋지."

두 사람은 커피를 빼 들고 곧장 사무실 옆 휴게실로 향했다.

"그 수익증권, 나도 지금부터 가입해 볼까 하는 데 어때?"

지난밤 잠을 잘 못 자서 피곤한 기색이 있었지만, 그래도 이렇게 말하는 나준수의 목소리만큼은 밝고 희망찼다.

"듣던 중 반가운 소리군. 그럼 오늘 점심시간에 당장 나랑 같이 가자."

"그런데 한 달에 얼마 정도 저축하면 좋을까?"

"나는 집에서 먹고 자고 하니까 받는 월급의 90%를 다 저축하지만, 넌 원룸 월세도 내야 하고 고향에 계신 어머니에게 송금도 해야 하니 조금은 감안을 해야겠지. 일단 필요경비가 한 달에 얼마 정도 되냐?"

"필요경비라니?"

"그러니까, 유흥비나 그런 것에 쓰는 돈 말고 한 달에 정기적으로 들어가는 꼭 필요한 비용 말이야."

"음…, 확실하게 계산해 본 적이 없어서 잘 모르겠는데…."

나준수가 겸연쩍은 표정으로 말끝을 흐렸다.

"야, 준수 너도 참 한심하다. 입사한 지 6개월이 지났는데 그런 것도 계산해 본 적이 없어?"

"뭐…, 나만 그런 것도 아니잖아. 다들 그렇게 사는 데 뭘…. 가만 있자, 게다가 이번 달은 지난달 카드대금 결제할 게 있어서 차 떼고 포 떼면 남는 게 없을 텐데…."

"그럼 일단은 준수 너의 수입과 지출을 계산해 보고 현금흐름표를 만들어 봐."

"현금흐름표라니?"

"네가 매달 벌어들이는 수입과 필요경비 등을 고려한 지출을 표로 만들어 보는 거야. 그래야, 필요 없는 비용을 최대한 줄일 경우,

과연 얼마를 저축할 수 있을지를 알 수 있을 테니 말이야."

"그렇겠군."

"오늘 오전에 과거 6개월간의 현금흐름*을 한번 계산해보고 과연 얼마를 저축해야 할지 계획서를 제출하도록! 너 그 계획 아주 빡빡하게 짜야 한다."

"이 녀석, 경영기획부 신부장처럼 말하네."

"그래, 우리 신부장에게 하도 당해서 그렇다. 왜? 하하하."

"하하하."

최기봉의 농담 섞인 말에 둘은 유쾌하게 웃었다.

재테크 vs. 재무설계

한동안 유행처럼 퍼져 나가던 단어가 바로 '재테크'다. 이 단어에 대한 많은 기대와 실망의 열병이 지나가고 이제는 다소 식상해져 버리기까지 한 것이 사실이다. 그 이후 새롭게 등장한 용어가 있는데 그것이 바로 '재무설계'다.

그럼 재테크와 재무설계는 어떻게 다를까? 솔직히 재테크와 재무설계에 대한 무슨 학문적 정의가 있는 것도 아닌 터라 뭐라고 딱 잘라 말하기는 쉽지 않다. 하지만 굳이 그 차이를 찾는다면 '재테크'는 단편적이고 지엽적이며 적은 자금으로 큰 수익을 얻는, 다시 말해 대박을 좇는 투자기술을 알려 주는 듯한 의미가 있다. 물론,

재테크의 본연의 의미가 그러하다는 것이 아니라, 어느새 우리들 사이에 그러한 의미로 지나치게 왜곡되어 버린 경향이 있다는 것이다.

반면, '재무설계'란 자신의 현재 자산상태와 현금흐름을 점검하고 이를 어떻게 관리하고 운용할 지에 대해 보다 장기적인 계획과 설계의 기법을 알려준다는 의미가 있다. 따라서 목표나 장기적 계획 없이 단기적인 재테크의 환상에 크게 실망한 사람들에게 새로운 방안으로 대두되고 있는 듯하다.

재무설계는 기본적으로 인생을 살면서 지출해야 할 '4대 자금'에 대해 어떻게 준비해야 할지를 근간으로 하고 있다. 그 자금은 다름 아닌, '결혼자금, 내집마련자금, 자녀교육자금, 노후생활자금'이다. 이들 4대 자금은 인생을 살면서 대부분의 사람들이 반드시 필요로 하는 자금이다. 따라서 구체적인 목표와 장기적인 계획을 세워 이 자금을 마련해야 하며 이를 위해서는 자신의 현재 자산상태와 현금흐름을 파악하는 것부터 선행되어야 한다.

재무설계의 첫걸음 _ 현재 자산상태와 현금흐름*을 파악하자

❶ 현재 자산상태를 파악하자

앞서도 이야기했듯이 재무설계를 시작하기 위해 반드시 필요한 것이 바로 현재 자신의 자산상태를 알아보는 것이다. 다음과 같이 표(예시 1)를 만들어 자신의 현재 재산현황을 일일이 기재해보자.

이때 집이나 예금상품 등은 자산이며 신용대출이나 주택담보대출은 부채이다. 이렇게 자신의 자산상태를 자산과 부채로 나누어 기재하고 나서 이를 각각 합산하면 총자산과 총부채의 금액이 나온다. 그 차액이 순자산이다. 자신의 자산상태에서 중요한 것은 바로 이 '순자산' 개념이다. 그 이유는 순자산이 '실제로 현재 내가 얼마의 돈을 가지고 있느냐?'라는 질문에 대한 아주 냉정한 성적표이기 때문이다.

만약 어떤 사람이 5억 원이나 하는 집을 소유하고 있고, 3천만 원이나 하는 고급승용차를 가지고 있고, 4천만 원 상당의 금융상품을 가지고 있다고 해보자. 언뜻 보기에는 상당한 자산가로 보일 것이다. 아마 스스로도 그런 좋은 집과 좋은 차에 익숙해져, 경제적으로 넉넉한 수준에 올라 있다고 착각하고 있을지도 모른다.

하지만, 알고 보면 주택담보대출이 2억 원이나 되고, 자동차 또한 매달 50만 원의 할부금이 나가며, 이래저래 신용대출을 받은 것만 해도 3천만 원은 족히 된다면, 그 사람의 순자산은 결코 많은 것이 아니다. 오히려 부채의 거품에 붕 떠서 착각에 빠져 있을 뿐이다. 따라서 자산상태를 점검할 때는 반드시 냉정할 정도로 조목조목 목록을 만들어, 총자산과 총부채를 계산해볼 필요가 있다.

다음의 예시 1은 A 씨의 '자산상태표'이다. A 씨가 실제 가지고 있는 재산은 총자산의 합계인 1억 8,000만 원이 아니라 순자산인 1억 6,500만 원이다. 표를 보면 알 수 있듯이 A 씨는 상당히 양호한 자산상태를 가지고 있다. 총부채가 1,500만 원으로 순자산(16,500만 원)의 9% 수준밖에 되지 않기 때문이다. 하지만, 적지 않은 사람들이 이런 표를 작성해 보면 자신의 총부채가 순자산의 100%를 넘어서고 있을 것이다. 이는 빚을 일시에 다 갚게 되면 그야말로 빈털터리가 될 수도 있다는 것을 의미하기에 재정적으로 아주 위험한 상태라 할 수 있다.

이처럼 막연하게 알고 있던 자신의 자산상태를 이런 표를 만들어 보면 명확하게 파악할 수 있다. 자! 지금이라도 당장 자신만의 자산상태표를 만든 후 총부채가 순자산의 몇 % 수준인지 계산을 해보자. (공식 = [총부채÷순자산]×100%)

(예시 1) **A씨의 자산상태** (2009년 12월 31일 현재, 단위: 만 원)

총자산		총부채	
전세금	10,000	마이너스통장	1,000
변액보험	1,000	신용대출	500
CMA	4,000	총부채합계	1,500
적립식펀드	3,000	순자산	16,500
총자산 합계	18,000	총부채＋순자산	18,000

❷ 현금흐름을 파악하자

현재의 자산상태를 파악하는 것과 함께 반드시 살펴봐야 할 것이 바로 '현금흐름'이다. 매달 자신의 수입과 지출의 크기를 현금흐름이라고 한다. 쉽게 말해 돈이 얼마 들어오고 얼마 나가서 얼마가 남느냐에 대한 것이다. 이를 파악해야 앞으로 얼마를 더 모을 수 있을지를 계산해 낼 수 있기 때문이다. 그래서 앞으로 모을 돈과 현재의 순자산을 더하면 인생 4대 자금마련에 대한 체계적인 계획을 세울 수 있다.

먼저, 가계부를 작성하자

자신의 현금흐름을 파악하기 위해서는 우선 '가계부'를 써볼 것을 권한다. 그렇다고 콩나물 값 얼마, 꽁칫값 얼마 하는 식으로 조목조목 깨알같이 적어나가는 가계부를 말하는 깃은 아니다. 그런 식으로 조목조목 깨알같이 기록만 하는 가계부는 오래 쓸 수도 없을뿐더러 괜히 모아놓으면 폐품만 될 뿐이다.

가계에서의 가계부는 기업에서의 회계장부와 똑같은 역할을 해야 한다. 일반적으로 기업들은 사업에 대한 전략을 세울 때 회사의 회계장부를 근거로 한다. 이 사업의 매출은 높지만 실제로 비용이 많이 들어 적자가 나니까 아예 철수를 한다든지, 또 저 사업은 매출은 낮지만 비용이 적게 들어 수익이 높으니까 더욱더 규모를 키운다든지 하는 합리적인 의사결정을 기업의 매출장부와 비용계정들을 들여다보며 분석하는 것이다. 이러한 기업의 행위를 가계에서도 적용할 필요가 있다. 다시 말해 단순히 기록만 하는 가계부가 아니라, 가계의 현금흐름을 명확히 파악해서 종자돈 모으기 계획을 세우기 위한 근거자료로서의 가계부가 필요한 것이다.

그러기 위해서는 일단, 가계에서 사용하는 비용 중 고정적으로 들어가는 비용과 변동적으로 들어가는 비용을 나누어 볼 필요가 있다. 예를 들어, 보험료나 대출이자, 집세, 그리고 각종 공과금, 교육비 등이 고정적으로 들어가는 비용이다. 성격은 약간 다르지만 교통비도 고정비라 보면 된다. 출근일수를 계산하면 한 달간의 대략적인 금액을 알 수 있다. 이런 비용은 한 번만 정리해 두면 된다. 굳이 매번 계산하여 조목조목 적을 필요가 없는 것이다.

그 다음이 변동적으로 들어가는 비용이다. 외식비, 의류비, 여가 및 유흥비 등이 여기에 속한다. 물론, 이 비용은 매번 계산하는 게 타당하지만 그러다 보면 쉽게 지쳐서 가계부를 오래 쓰지 못하게 된다. 따라서 1주일 단위로 정리를 하면 된다. 장을 볼 때나 외식을 할 때나 쇼핑을 할 때 영수증을 받아서 모아 놓았다가 1주일에 한 번씩 정리를 하면 충분하다. 가계부의 목적은 조목조목 오랜 기간 쓰는 게 아니라 자신의 비용 구조를 분석할 수 있는 자료를 만드는데 있다는 걸 언제나 염두에 두길 바란다.

매달 적립해 나가는 저축성보험이나 적립식펀드, 적금 등도 기록을 해야 한다. 물론 이것은 비용은 아니다. 이 금액들이 모여 결국엔 자신의 자산상태 표의 총자산 항목에 플러스가 되기 때문이다. 하지만, 매달 돈이 빠져나가는 것은 사실이므로 가계부에는 지출항목으로 기록해야 한다. 기분 좋은 지출항목임엔 틀림없다.

가계부를 바탕으로 현금흐름표를 작성하자

결산과 평가를 하지 않는 가계부는 무용지물이다. 이렇게 작성된 가계부는 반드시 3개월에 한 번씩 결산과 평가를 해 볼 필요가 있다. 3개월 정도면 가계의 현금흐름에 대한 대략적인 추이를 알 수 있다. 여기서 변동적으로 사용하는 비용이 많이 사용된 경우 그 이유를 반드시 따져 봐야 한다. 물론, 고정비도 어떻게 하면 줄여나갈 수 있는지 연구해 봐야 한다. 그런 다음 저축계획을 세운다면, 훨씬 더 현실적인 저축금액을 산출해 낼 수 있다. 물론, 이때 저축금액은 주어진 비용구조하에서 상당히 빡빡하게 정할 필요가 있다.

다음의 예시 2는 A 씨의 '현금흐름표'이다. 가계부를 작성한 후 이를 바탕으로 3개월치 현금흐름을 표로 작성한 것이다. 수입항목에서 비용항목을 빼고 나면 추가저축가능액이 70만 원 나온다. 현재 3개월간 340만 원씩 저축을 하고 있는데다 추가로 3개월에 70만 원씩 더 저축을 할 수 있으니 어떻게 보면 양호한 현금흐름 구조라 할 수 있겠다. 하지만, 좀 더 나은 미래를 위한 인생 4대 자금 마련을 위해서라면 저축금액을 좀 더 높여야 할 것이다. 여기서 우리는 A 씨의 현금흐름 중 변동적 비용의 비중이 높다는 것을 쉽게 알 수 있다. 무려 540만 원이나 되기 때문이다. 수입(1,150만 원)의 47%나 되는 금액이다. 따라서 가계부를 보며 이 비용의 내역을 조사하고 줄일 수 있는 부분은 줄여나가 추가저축 가능금액을 더욱

더 늘려나가야 할 것이다.

　이러한 계획을 세우고 실천해나감과 동시에 가계부 작성 또한 계속해 나간다. 그런 다음 다시 3개월간 가계부를 근거로 두 번째 현금흐름표를 만든다. 그런 후 지난번 3개월간의 현금흐름표와 비교하면서 실천 여부와 효과를 점검해 보는 것이다. 이게 바로 계획적이고 알뜰한 가계부와 현금흐름표의 이용방법이다.

(예시 2) **A씨의 현금흐름상태**　　　　　　(2009년 10월 1일~12월 31일 : 3개월간, 단위: 만 원)

비용항목		수입항목	
고정적 비용		급여 (3개월분)	
– 보험료	60	– 본인	1,050
– 대출이자	150	– 배우자	0
– 각종공과금	90		
변동적 비용		이자/배당소득	100
– 외식비	240	임대소득	0
– 의류비	120		
– 유흥비	180		
저축/투자		기타소득	0
– 장기주택마련저축	120		
– 변액연금 (저축성보험)	60		
– 적립식펀드	60		
비용합계	1,080	수입합계	1,150
추가저축 가능금액 (3개월)	70		

　우리들은 흔히 정부의 잘못된 정책이나 기업의 방만한 사업운영을 비난할 때 주먹구구식이니 무계획적이니 하는 표현을 많이 사용한다. 하지만, 정작 경제의 가장 기초가 되는 가정에서도 무계획적이고 주먹구구식으로 가계를 운영하면서 허황되게 대박만을 추

구하는 경향이 있다. 그런 점에서 현재 자신의 수익과 비용구조를 면밀히 따져보고 반성해 보는 시간을 가질 필요가 있고 이를 위해 가계부와 현금흐름표를 반드시 작성해 보도록 하자.

나준수가 입사를 한 지도 벌써 3년이 지났다. 이젠 신입사원 나준수가 아니라 나준수 주임이 되어 있었다. 대리 승진을 앞둔 최기봉 주임과도 여전히 좋은 사이로 지내고 있었다. 물론, 둘은 수익증권에 매달 저축하는 일도 3년 동안 계속해서 해왔다. '종자돈 모으기의 지존'인 최기봉의 경우 3년이 훨씬 지났지만 여전히 저축하는 금액을 급여의 80~90%로 변함없이 유지해나갔다. 그러다 보니 무려 1억 원에 가까운 돈이 모였다.

그렇다고 나준수 역시 최기봉처럼 철저한 짠돌이가 된 것은 아니었다. 근무 연차가 되어 회사로부터 저리의 전세자금대출을 받을 수 있었고 그렇게 해서 마련한 자그마한 아파트에 고향의 홀어머니를 모셔다 함께 살게 되어 생활비가 이중으로 들지는 않았지만 그래도 나준수는 쓸 곳에는 쓰면서 저축을 하는 편이었다. 그는 여전히 가끔은 친구나 후배를 만나 술값을 냈고, 대학시절부터 만나던 여자친구와도 가끔 근사한 외식을 했다. 나준수의 생활철학은 최기봉과 조금은 달랐다. 그동안 알고 지내던 사람들에게 야박하게 하면서까지 돈을 모을 수는 없다는 생각이었다. 하지만, 여전히 최기봉에게 고마운 마음을 가지고 있었다. 왜냐하면, 최기봉의 갖은 협박(?)과 회유가 없었다면 3년 동안 수익증권으로 종자돈 모으는 일을 그렇게 꾸준하게 할 수는 없었을 것이기 때문이다.

"야, 너 이번 달에 입금 실적이 이게 뭐냐?"

어쩌다가 카드를 많이 사용해 수익증권 입금액이 많이 줄어들기라도 하면 최기봉은 어김없이 이렇게 핀잔을 주었다. 이에 자극되어 다시 다음 달엔 소비를 줄여나갈 수 있었다. 물론, 덕분에 수익증권의 금액이 불어나는 즐거움도 만끽할 수 있었다. 최기봉보다는 한참은 적은 금액이지만 그래도 나준수에게는 대견스러운 것이었다.

'기봉이를 만나지 않았다면 지금도 흥청망청 카드나 긁어대고 그러다 결제일이 되면 카드대금 메우느라 낑낑대는 직장생활을 했을지도 몰라.'

나준수는 매달 불어나는 수익증권 통장을 볼 때마다 이런 생각을 했다.

이제는 회사의 급여지급시스템이 직접 현금봉투를 주는 것이 아니라, 은행의 예금통장에 자동이체를 하는 방식으로 바뀌었지만, 여전히 최기봉은 매달 급여일에 급여통장에서 돈을 찾아 회사 건너편 밀감투자신탁으로 달려갔다.

"준수야. 오늘도 10분 정도 일찍 나가는 거 알지?"

"응, 당연히 알지."

매달 급여일마다 두 사람은 무슨 비밀결사 모임이라도 있듯이 이렇게 눈치를 주고받았다.

"웬만하면 수익증권 자동이체를 하시죠? 요즘엔 다들 그렇게 하는 추세거든요. 그럼 굳이 지점까지 오는 수고도 줄이고 좋잖아요."

창구 직원이 이렇게 말했다.

"허허, 그럼 그 예쁜 얼굴 못 보잖아요. 매달 경순 씨 얼굴 보는 게 낙인데."

"어머, 이젠 유부녀인데 못하는 소리가 없네요. 호호호."

이젠 나준수도 이렇게 농담을 주고받을 정도로 밀감투자신탁의 단골손님이 되었다.

"그래, 이제는 네 마음 알 것 같아. 나도 어느새 매달 이렇게 수익증권에 돈을 집어넣는 것에 중독이 된 거 같아. 물론, 너 따라가려면 아직 내공이 많이 부족하지만 말이야."

나준수가 최기봉과 함께 투자신탁 지점에서 나오며 이렇게 말했다.

"그래, 나의 내공 따라오려면 좀 더 분발해야겠지만, 너 역시 장족의 발전이다."

"그런데 아까 투자신탁에서도 말했듯이 자동이체를 해도 좋을 것 같은데."

나준수가 말했다.

"물론, 내 생각에도 자동이체가 훨씬 편할 것 같아. 급여일에 맞춰 자동이체를 해 놓으면 자동으로 돈이 수익증권으로 빠져나가니 말이야. 모르긴 몰라도 쓰기 전에 강제로 돈을 모을 수 있다는 점에서 처음으로 종자돈을 모으려는 사람에게는 자동이체가 훨씬 효과적이겠지. 원래 쓸 거 다 쓰고 남는 돈을 모은다는 건 거의 불가능한 이야기잖아.

하지만, 우린 좀 다르잖아. 준수 너도 말했다시피 우리가 그동안 쌓아놓은 내공이 어디냐? 월급날마다 이렇게 열 일 제쳐놓고 쫓아가는 게 이젠 습관화되었잖니. 이제는 재테크의 차원을 넘어서서 하나의 취미고 생활이고 즐거움 아니냐? 이 정도 경지에 오른 우리에겐 자동이체보다는 직접 지점에 찾아가 입금하는 게 하나의 낙인 것 같아."

"그래, 네 말에 동감한다."

최기봉의 실연(失戀)

물론, 최기봉이 아무리 종자돈 모으는 걸 즐긴다고는 하지만 그도 이만큼의 돈을 모으는 동안 우여곡절은 있었다. 2년 전에는 이런 일도 있었다.

"야, 준수야 내가 몇 달 전에 소개팅했다고 했잖아."

저녁이나 하자고 불러 내어놓고 아무 말 없이 소주잔만 기울이던 최기봉이 어두운 얼굴로 나준수에게 말을 했다.

"그래, 너 그때 소개팅녀가 마음에 든다고 좋아서 히죽거렸잖아. 왜 그 여자하고 무슨 문제라도 생겼니?"

나준수가 이렇게 물었다.

"응, 예쁘고 세련되고 한눈에 딱 와 닿았지. 그래서 몇 번을 만났는데….”

“그런데 그 여자가 너 싫다고 하니? 그 여자도 참 눈이 어떻게 되었나. 너 같은 진국 중의 진국을 몰라보다니…, 참나 원….”

나준수가 가라앉아 보이는 최기봉의 기분을 띄울 겸해서 약간 상기된 어조로 말했다.

“그게 아니고…, 좀 다투었어.”

“무슨 일로?”

“사실 지금 만나는 애가 예쁘고 세련되고 그리고 맵시도 상당히 좋거든 그래서 첫눈에 반했었지. 근데 어디 음식점엘 가더라도 비싼 곳을 데리고 가야 얼굴이 밝아지는 거야. 사실 내 과(科)는 좀 아니다 싶었지만, 워낙 마음에 들어서 계속 만났지. 그런데 지난주에 전화가 온 거야. 봄날인데 오빠가 사주는 옷을 입고 싶다고 원래 여자는 그런 거 친구들에게 막 자랑하고 싶어 하는 거라고 말이야. 솔직히 너도 알다시피 내가 약간 짠돌이 아니냐.”

“너 약간은 아니고, 많이 짠돌이잖아. 허허허.”

최기봉이 너무 심각하게 말하는 것 같아 나준수가 분위기 전환차원에서 이렇게 대꾸했다.

“그래, 그래. 많이. 아무튼, 그럼에도 불구하고 내가 큰 마음먹고 주말에 백화점에 가자고 했지. 그만큼 그 애에게 빠져 있었거든. 둘이서 백화점 여성의류매장을 갔었지. 그 애가 사고 싶다는 옷이 진열되어 있는 곳으로 갔어. 아마 미리 봐 둔 것 같은 눈치였어. 가격 표를 보니 무려 60만 원이더군. 난 순간 엄청 당황했지. '아니 무슨 놈의 옷값이 이렇게 비싸냐?'하고 말이야. 그렇다고 밖으로 표현할 수는 없었지. 그 옷을 몸에 대어보며 해맑게 웃는 그 애의 얼굴을 보니 '그래 까짓 것 나도 카드 한번 긁지 뭐.' 이런 생각이 들더라고."

"야, 기봉이 너! 여자 때문에 완전히 변해버렸구나. 이걸 칭찬해야 할지 나무라야 할지…. 그래 그것 때문에 문제가 생긴 거야?"

"아니 계속 이야기를 들어봐. 60만 원짜리 옷을 계산하려는데 그 매장에서 노련하게 보이는 여자 점원이 갑자기 우리 사이에 끼어드는 거였어. '어머, 여자친구분이 엄청 미인이시고, 게다가 몸매까지 받쳐주시네요. 우리 고객님 엄청 행복하시겠어요. 이런 예쁜 여자친구분을 두셔서.' 그 여점원은 한눈에 알아본 거야. 남자친구가 여자친구에게 옷을 사주려고 한다는 걸 말이지. 이때가 기회다 싶었겠지. '어머, 이렇게 예쁜 여자친구에게 겨우 60만 원짜리가 뭐예요. 이걸 한번 입어보시죠. 이런 옷은 주인이 따로 있답니다. 얼굴도 얼굴이지만 몸매가 안 받쳐주면 옷 태가 살지 않죠. 이분이 딱이네요. 어디 이 옷 한번 입어보시겠어요?'

보기에도 비싼 티가 폴폴 나는 그런 옷이더군. 난 순간 이상한 낌새를 느꼈고 그래서 얼핏 가격표를 봤더니 무려 200만 원이 넘는 옷이었어. 이건 너무 심한 거 아니냐 싶더군.”

“뭐? 옷 한 벌에 200만 원!!! 무슨 그런 옷이 다 있냐? 내 여자친구 수경이도 그런 옷은 안 입는 것 같은데.”

나준수도 200만 원이라는 가격에 적지 않게 놀랐다.

“그런데 문제는 그게 아니야. 점원 입장에서야 그런 절호의 기회를 이용해 비싼 옷을 팔고 싶을 수도 있겠지. 불쾌했지만 이해는 해. 하지만, 문제는 그 다음에 보여준 그 애의 태도였어. 갑자기 200만 원짜리 옷에 눈이 획 돌아가는 거야. 그 눈빛은 아직도 생생해. 마치 〈인디아나 존스〉 같은 영화에서 금은보화를 발견한 사람들의 휘둥그레진 눈빛 있잖아? 그러더니 곧 자신이 들고 있던 60만 원짜리 옷을 옆으로 획 던져버리는 거야. 아무것도 아니란 듯이 말이다. 그리곤 ‘언니, 나, 이 옷 한번 입어 볼게요.’ 이렇게 말하더니 옷을 들고 탈의실로 가는 거야.”

“그래서 결국 그 옷 사 준 거야?”

“솔직히 옷이 잘 어울리기는 하더라. 여점원도 다리가 길어서 옷태가 더 난다고 막 칭찬을 아끼지 않았지. 그랬더니 그 애는 애절한 눈빛으로 나를 쳐다보더니 ‘오빠, 나, 이 옷 오빠가 사줬다고 친구들에게 막 자랑하면 너무 행복할 거 같아.’ 이렇게 말하는 거야. 그 상황에서 도저히 ‘안 돼!’라는 말이 안 나오더라. 그래서 어쩔 수 없이 카드를 긁었지. 내 평생 처음으로 3개월 할부까지 하면서 카드

를 긁었어.”

“야, 너도 대단하다. 옷값으로 200만 원이나 긁다니. 사랑에 눈이 멀긴 멀었구나. 그럼 당분간은 수익증권에 200만 원씩 예치하는 건 불가능하겠구먼.”

“허허. 그러게. 그 일이 있고 나서 곰곰이 생각해봤어. 남자가 사랑하는 사람을 위해 돈을 쓰는 게 어찌 보면 당연한 일일 수도 있어. 하지만, 내가 바랐던 건, 여점원이 ‘어머, 이 옷이 정말 어울릴 거 같아요.’라고 말하더라도, ‘언니, 왜 그러세요. 전 그렇게 비싼 옷 필요 없어요. 오빠, 난 처음 골랐던 그 옷으로도 충분해. 오빠가 사주는 거에 의미가 있잖아.’라고 말해 줬더라면 더 예뻤을 거란 생각이 들더군.”

“그래, 나도 수경이랑 가끔은 좋은 레스토랑에 가서 식사를 하는데, 그래도 ‘오빠, 난 오빠가 사주는 건 떡볶이, 라면이라도 맛있어. 너무 자주 이런 데 데리고 오지 않아도 괜찮아.’라고 말하면 얼마나 예쁘고 대견스러운데 그런 말 들을 때면 뭐라도 더 해주고 싶고 돈도 별로 아깝지 않다니까.”

나준수는 말을 해놓고도 괜한 여자친구 자랑을 했나 싶어 최기봉의 눈치를 살폈다.

“그래, 그럼 남자 눈에 여자친구가 얼마나 예쁘게 보이겠냐? 내가 생각해보니 그 애는 낭비벽이 좀 있어. 일전엔 내가 자랑스럽게

준수 너와 함께 수익증권 저축한다는 이야기를 했더니 자기에게 그런 거 강요하면 숨 막혀 죽을 거 같다고 하더군. 그리고 카드 빚도 조금 되는 것 같고."

여전히 평소에 말수가 별로 많지 않은 최기봉이었지만 또 한 번 긴 이야기를 하려는지 잠시 하던 이야기를 멈추고 앞에 있던 소주잔을 쭉 들이켰다. 그리고 다시 말을 이어갔다.

"이건 아무리 생각해도 '돈이 아깝다, 아니다.'의 문제가 아닌 것 같아. 나도 이제 나이가 있으니 결혼을 전제로 여자를 사귀어야 하잖아. 부부간에 있어 제일 중요한 것을 들라면 난 두 가지라고 생각해. 서로에 대한 믿음과 비슷한 경제관념. 사랑 없이 평생을 살 수는 없잖아. 그러니 서로 사랑하고 있다는 믿음은 반드시 있어야겠지.

하지만, 결혼은 또한 엄연한 현실이라고 하잖아. 여기서 말하는 현실이란 게 바로 경제적인 것과 관계가 있다고 봐. 물론, 그렇기 때문에 무조건 돈이 많아야 한다는 말은 아니야. 내 생각엔 부부가 서로 경제적인 관념이 비슷해야 한다고 생각해. 한쪽은 집도 마련하고 싶고, 좀 더 좋은 환경에서 아이도 키우고 싶고 게다가 노후에도 여유 있게 살기 위해 알뜰살뜰 절약해서 미래를 준비하려고 하는데, 다른 한쪽은 우선 쓰고 보자는 생각을 하고 있다면 결코 두 사람은 행복해 질 수 없을 것 같아.

아내는 열심히 적금 드는 데 남편이 허구한 날 술값 외상만 늘어놓으면 그 부부가 안 싸우고 지낼 수 있을까? 그런 부부보다는 오히려 둘이 모두 오늘을 불태우자 하면서 죽이 맞아 흥청망청 쓰는 게 더 행복할 수 있겠지. 그런 의미에서 우리 둘은 너무 안 맞아. 난 너도 알다시피 왕 짠돌이이고 그 애는 그 반대잖아. 솔직히 평소에도 그런 점을 못 느꼈던 건 아니지만 애써 외면했는데 지난주 백화점 사건으로 진지하게 생각하게 된 거야."

"그래? 그럼 헤어질 거니?"

"아직 결정은 못했어. 그래서 오늘 좀 보자고 한 거야."

"아무리 너하고 내가 친하지만, 남녀문제에 내가 뭐라고 단정 지어 말하긴 좀 그렇다."

"그래, 나도 너에게 답을 얻고 싶다기보단 말할 상대를 찾았던 거지. 이렇게 말을 하다 보면 생각이 정리될 때도 있으니 말이지."

최기봉은 뭔가를 결심한 듯한 표정으로 자신의 빈 소주잔에 술을 따라서 한 잔을 들이켰다.

그 후 오랫동안 최기봉의 얼굴이 어두웠다. 가끔은 자리에 앉아 멍하니 PC의 화면만 쳐다보고 있기도 했다. 그러더니 어느 날 최기봉은 나준수에게 이렇게 말했다.

"그때 말했던 그 여자 있잖아. 그만 만나기로 했어. 뭐…, 나만 그런 생각하고 있던 게 아니더라구. 그 애도 내가 부담스러웠다더군.

자기는 신혼여행을 유럽으로 가고 싶고, 결혼을 하고서도 한 달에 한두 번 정도는 남편과 함께 뮤지컬이나 오페라 공연도 보고 싶고, 아무튼 우아하고 품위 있는 결혼생활을 꿈꾸고 있었는데 나는 아무리 생각해봐도 그렇게 해주지 못할 것 같아서 상당히 망설였다고 하더군.

아마 처음엔 내가 연봉도 센 직장에 다니니 씀씀이도 클 줄 알았는데 그렇지 않아 적지 않게 실망하고 있었나 보더라구. 아무튼, 헤어지는 게 그리 유쾌하지는 않지만 그래도 서로가 그러한 생각을 가지고 있다면 관계가 더 깊어지기 전에 '세이 굿바이.' 하는 게 현명할 거 같다고 말하더라고. 그래서 나도 그렇다고 했지."

최기봉은 마치 TV 드라마 본 것을 이야기하듯 무미건조하게 이야기하려고 노력했다. 하지만, 이야기를 하는 중간중간 떨려 나오는 목소리에서 그가 얼마나 마음의 상처를 입었는가를 나준수는 짐작할 수 있었다.

"그래, 잘했어. 세상에 여자가 어디 그 여자 한 명뿐이냐. 내가 수경이에게 말해서 더 근사한 애로 소개시켜 줄게."

그리고 시간이 흐르면서 최기봉도 가까스로 평정심을 찾아가는 것 같았다. 물론, 그런 와중에도 최기봉과 나준수의 수익증권 저축은 계속 되었다.

2부
애인을 울려라, 나준수의 꿀단지

드디어, 위기가 찾아오다

때는 1998년 초, 칼날 같은 겨울바람만큼이나 차가운 바람이 대한민국을 할퀴고 있을 때였다. 다름 아닌 외환위기의 삭풍이었다. 1997년 말에 기어이 터지고만 외환위기와 IMF 구제금융 체제로 온 나라가 신음 소리를 내고 있었다. 든든하기만 했던 기업들이 줄줄이 부도를 내고, 직장인들은 거리로 내몰렸다. 금리는 20%를 넘어서며 천정부지로 치솟았다. 비정상적인 금리에 경제전체가 돈 가뭄에 시달리면서 상황은 더욱더 악화되어 갔다. 급기야 철석같이 믿었던 금융기관마저 예금지급 불능사태에 빠졌다. 금융계에서도 상당수의 사람이 정리해고로 직장을 잃었다. 이러한 위기는 나준수가 다니던 제로종금사에도 예외는 아니었다. 유동성 위기가 터졌고 이로 인해 구조조정을 해야만 하는 상황이 되었다. 문제는 대마불사라 믿었던 국내 대기업과 높은 이자로 수익성이 좋았던 동남아시아 기업에 상당한 금액을 대출해주었는데 이들이 줄줄이 부도가 난 것에서부터 시작되었다.

상황이 이렇게 되자 달러를 빌려준 외국계 금융기관들이 너도나도 긴급상환을 요구했다. 당시 제로종금사는 무려 16억 달러의 외화차입이 있었다. 돈을 빌려 준 회사들은 이미 부도가 나서 받을 수 없는데 자금을 빌린 곳에서는 하루가 멀다 하고 상환압력을 가하니 견뎌낼 재간(才幹)이 없었다. 물론, 이러한 문제는 나준수가 근무하던 제로종금사만의 문제는 아니었다. 외환위기에 처한 대한민국호(號)에 탑승한 모든 금융기관이 비슷한 처지였다. 위기 상황은 기나긴 암흑의 터널처럼 오랫동안 계속되었다.

그 즈음이었다. 느닷없이 최기봉이 나준수에게 이렇게 말했다.

"준수야, 이제 우리 수익증권 그만둘 때가 된 것 같다."

"왜 무슨 문제라도 생긴 거니?"

3년 이상 이어온 수익증권 저축을 그만두자는 최기봉의 말에 나준수는 의아한 표정으로 이렇게 말했다.

"그런 게 아니고, 내가 볼 때는 이제 투자신탁회사(투신사)의 수익 증권은 아무래도 위험한 거 같아서. 너도 잘 알다시피 수익증권이란 게 투신사에서 고객들의 돈을 받아다 채권이나 주식에 운용해서 그 수익을 고객에게 다시 나눠주는 간접투자상품이잖아. 따라서 운용에 따른 손실 역시 고객의 몫이지 그 손실을 법적으로 보장해 주는 게 아니잖아. 지금까지야 관행상 원금에 약간의 손실이 나더라도 투신사에서 알아서 대충 손실액을 보전해주었겠지만 앞으로는 상황이 달라질 것 같아. 이렇게 어려운 상황에서 수익증권 운용에 큰 손실이 발생하면 투신사도 별 수 없이 원칙대로 고객들에게 손실을 떠안길 수밖에 없을 거라 생각돼. 외환위기나 IMF가 그렇게 빨리 끝날 것 같지도 않고, 우리 회사도 이렇게 어려운 상황인데 투신사라고 아무 문제 없을 리가 없잖아. 아마 대놓고 말을 못해서 그렇지 엄청 골치 아파하고 있을걸."

"그래, 요즘 여의도 쪽 소문을 들어보니 투신사들이 수익증권을 운용하면서 투자한 채권들이 부실이 나서 골칫거리라고 하던데. 그럼에도 불구하고 고객들의 환매요청으로 수익증권에서 자금이 빠져나갈까 봐 투신사들이 다들 쉬쉬하는 분위기라는 이야기가 있더라구."

"그렇지? 그래서 말인데 우리 돈을 다 빼서 일단 탄탄하게 보이는 은행에다 옮기자. 예금자보호제도로 원리금이 보장되는데다 지금 금리도 엄청 높잖니? 무려 연 20%가 넘는 수준이니 말이야. 내가 예전에 어디선가 들었는데 아무리 잘 나가는 펀드매니저도 주식 투자 연평균 수익률 30%를 유지하기 어렵데. 그런데 원금이 보호 되는 은행에서 연 20%가 넘는 이자를 준다면 이게 수익증권이나 주식투자보다 훨씬 나은 거 아니겠니?"

"그래, 요즘은 은행이자도 무시를 못하지. 게다가 너 말대로 은행 예금은 예금자보호제도로 인해 원금과 이자도 보장도 되니까 훨씬 안전하겠지. 하지만, 예금자보호에는 한도가 있잖아."

"물론, 나도 알고 있어. 한 사람당 원금과 이자를 포함해서 5,000 만 원 한도라는 거. 하지만, 그것도 가족명의로 분산해서 예금을 해 놓으면 별문제 없을 거야. 나는 동생도 있고, 부모님도 있으니 뭐가 문제야."*

---

* 이 점은 최기봉이 잘못 알고 있는 부분임을 밝혀둔다. 실제 〈예금자보호제도〉에서는 더 많은 금액을 보호받기 위해 차명으로 예금한 것이 밝혀질 경우, 모든 금액을 1인으로 계산하여 1인당 보호한도만을 적용하고 있기 때문이다.

* 아울러 현행 〈예금자보호제도〉에서 1인당 보호한도인 '원금과 이자를 합산해 5,000만 원까지'에서 의미하는 '이자'는 해당 금융상품의 애초 약정이자와 시중은행 1년 만기 정기예금의 평균이자를 감안한 이자 중 적은 금액으로 정해진다.

"듣고 보니 그렇네. 너 참 기특하다. 평소엔 둔한 녀석이 어떻게 그쪽으로는 머리가 잘 굴러가니?"

"머리가 잘 굴러가는 게 아니라, 1억 원에 가까운 돈이 수익증권

에 들어가 있는데 그럼 걱정이 되는 게 당연한 거 아냐? 자연스러
운 거지 뭐. 허허."

주식투자? 남들 다 한다고 따라 할 순 없잖아!

외환위기의 여파로 주가지수가 폭락에 폭락을 거듭하더니 급기야 1998년 6월에는 270대까지 떨어졌다. 모두 아비규환에 빠진 듯하였다. 하지만, 주가지수는 그해 하반기부터 다시 상승의 무드로 바뀌기 시작했다. 그렇다고 해서 IMF 구제금융 체제와 그에 따른 경제위기가 완전히 종식된 것은 아니었다. 그러나 1998년 상반기 동안의 급락으로 위축될 대로 위축된 투자심리는 새롭게 등장한 김대중 정부의 경기부양 정책과 현대증권의 수익증권 '바이코리아'의 공격적 마케팅 등 다양한 이유로 인해 점차 불이 붙기 시작했었다.

"기업금융부 마대식 대리는 이번에 주식투자를 해서 평가이익이 엄청나다고 그러던데."

퇴근길 지하철에서 나준수가 최기봉에게 먼저 이야기를 꺼냈다.

"그래? 마대식 대리는 올 초만 해도 회사 분위기가 안 좋다며 음주가무도 줄이며 잠시 자숙하는 것 같더니 그새 주식투자를 해서 돈을 벌었나 봐?"

나준수의 말에 최기봉은 다소 의아해 하듯이 이렇게 되물었다.

"그런 것 같아. 너도 알다시피 요즘 주식시장 장난이 아니잖아. 200대 하던 주가지수가 400대로 두 배나 올랐잖아. 그러는 동안 마대식 대리는 엄청나게 베팅을 한 것 같더군."

나준수가 대답했다.

최기봉은 이상하리만큼 주식투자에 관심을 보이지 않았다. 그렇다고 해서 최기봉이 주식투자 자체를 경외시 하는 것은 아니었다.

'이런 상승장에서는 일정 정도의 여윳돈으로 주식에 투자하는 것도 나쁘진 않을 듯싶어. 준수, 너도 생각 있으면 한번 해봐.' 가끔 이렇게 말하기도 했다. 하지만, 그의 행동에는 별반 변함이 없었다. 여전히 매달 자신의 급여의 80~90%를 입금했다. 이제는 길 건너 밀감투자신탁으로 찾아가는 게 아니라 회사 옆에 있는 은행으로 찾아가는 것만 제외한다면 바뀐 것이라곤 아무것도 없었다.

"기봉이 넌 왜 주식투자는 안 하냐? 주식투자는 도박이 아니라, 오히려 좋은 재테크 수단으로 볼 수도 있잖아?"

잠시 대화가 끊겨졌을 때 나준수가 최기봉에게 다시 이렇게 물었다.

"물론, 그렇지. 주식투자 역시 투자의 일종이니 재테크 수단 중의 하나인 건 분명해. 다만, 나하고 맞지 않을 것 같아서 관심을 두지 않는 거야. 내 성격과 맞지 않은데 남들이 다한다고 따라 할 수는 없잖아. 솔직히 준수 너도 알다시피 나는 순발력도 떨어지고 정보력도 좀 약하잖니. 이 작은 조직 내에서도 어떤 정보가 오고 가고 사내에 어떤 정치가 난무하고 있는지 잘 모르잖아. 준수 너를 통해 겨우 듣는 게 고작이잖아."

"그건 그래, 너는 자신이 하고 있는 업무에서는 상당한 지식과 능력을 갖추고 있는데 그 외엔 좀 둔한 것 같더라. 허허허."

"그러다 보니, 내 성격에는 주식투자가 맞지 않은 것 같아. 시시각각 변하는 주가에 따라 타이밍을 잘 맞춰 매수와 매도를 해야 하고 시장과 개별종목에 대한 정보 수집도 잘해야 하잖아. 그러다 보면 업무시간 중에도 계속 신경 쓰이고…, 솔직히 내가 내 돈 내고 그렇게 머리 아픈 일을 왜 하냐? 그리고 지금 주위에서 대박, 대박을 말하지만 언젠가는 빠질 때도 있는 게 주식 아니냐? 나는 그런 변동성이 큰 투자는 살 떨려서 못하겠더라."

만약 당시에 최기봉이 워런 버핏*의 가치투자나 사와카미 아쓰토*의 장기투자에 대해 조금이라도 알고 있었다면 주식투자에 대한 생각이 조금은 더 긍정적이었을지도 모른다. 재빠르게 시장의 정보를 입수해서 매매를 번갈아 하지 않더라도, 굳이 업무시간에 주가에 대해 신경을 쓰지 않더라도 큰 수익을 얻을 수 있는 효과적인 투자기법이니 말이다. 단기적인 주가의 출렁거림에 흔들리지 않고 본질가치보다 저평가 받은 주식에 투자하여 그 가치가 오를 때까지 오랜 기간 묻어 두는 가치투자와 장기투자야말로 최기봉과 같은 성격의 소유자에게 안성맞춤이다. 하지만, 그때만 해도 워런 버핏이나 사와카미 아쓰토가 국내에서는 널리 알려지지는 않은 상태였다.

"그래서 주식보다 안전하면서 이자도 높은 수익증권에 가입했던 거구나. 물론, 지금은 그것도 찜찜해서 은행으로 바꿨고 말이지."

나준수가 미소를 지으며 말했다.

"역시, 준수 너는 나에 대해 너무 잘 아는 것 같아. 나는 돈을 버는 것보다는 잃지 않은 것부터 생각하는 주의거든. 어떤 투자대상이 있는 데 아무리 많은 돈을 벌어다 줄 것 같아도 그만큼 잃을 가능성도 크다면 난 가급적 그곳에 투자를 하지 않지. 너도 대학시절 재무학이나 투자론 시간에 배웠을 것 아냐. 위험 추구형(risk-taker)과 위험 회피형(risk-averser) 말이지. 그중에서 난 전형적인 위험 회피형이거든. 그러니 너도나도 주식투자, 주식투자 하지만 내 성향에는 안 맞다는 거지. 허허. 난 가늘고 길게 사는 주의라고나 할까."

최기봉은 가볍게 웃으며 이렇게 말했다.

워런 버핏*과 사와카미 아쓰토*

가치투자와 장기투자를 투자의 제일 원칙으로 내세워 높은 수익률을 달성한 투자자들이다.

❶ 워런 버핏

'오하마의 현인'이라 닉네임을 가지고 있는 워런 버핏(Warren Buffett)은 세계적인 투자가로 미국의 5대 갑부에 든다. 코카콜라와 같은 전통적인 산업에 주로 투자하는 것으로 유명하다. 1990년대 말 '닷컴 열풍'이 불던 시기에도 '아마존닷컴'과 같은 인터넷기업에는 전혀 투자를 하지 않았다. 이런 그를 보고 세간에서는 세상의 트렌드를 읽을 줄 모르는 한물간 노인이라고 폄하했다. 하지만, 그는 세간의 비난에 아랑곳하지 않았다. 결국, 닷컴의 거품이 빠지자 승리의 여신은 그에게 미소를 지었다. 자신이 모르는 회사에는 절대로 투자하지 않는다는 것을 철칙으로 삼고 있는 그는 단기적인 주가의 변동이 아니라 기업의 본질적인 가치를 보고 투자를 하는 가치투자의 대명사로 칭송받고 있다.

❷ 사와카미 아쓰토

"쌀 때 사뒀다가 오르면 판다. 이 같은 단순작업을 반복하는 게 장기투자다. 장기투자는 게으르게 보일지 몰라도 무딘 칼로 돌을 두들겨 부수는 엄청난 위력을 감추고 있다."

이는 일본의 유명한 투자자인 '사와카미 아쓰토(澤上篤人)'의 투자철학을 대변하는 말이다. 그의 투자는 한마디로 '장기투자'다. 그는 '사와카미펀드'로 더 유명하다. 일본의 소형 자산운용사인 '사와카미투신'에서 운용하고 있는 주식형 펀드다. 이름없던 이 운용사의 펀드는 만들어진 지 4년 8개월 만에 7천 2백여억 원의 규모로 불어나 일본 내에서 10위권을 넘겨다 보는 펀드로 성장했다. 사와카미투신의 펀드가 유명해진 이유는 단순하다. 우선 샐러리맨의 노후설계를 위한 재테크 펀드라는 점에 있다. 돈 많은 사람들의 자산을 불려주는 펀드가 아니라 정말 노후를 준비해야 하는 샐러리맨들이 장기적으로 투자할 수 있도록 자산을 운용하고 있다. 따라서 이 펀드는 '일본이 망해도 살아남을 수 있는 우량 기업'에 대해서만 투자를 한다. 당장의 수익률을 과시하기 위해 시류에 편승하여 위험한 투자를 하는 게 아니라 안정적으로 성장하는 일본의 대표적인 회사에 장기적 안목으로 투자를 하는 것이다.

너도나도, 주식투자 열풍

　1998년부터 심상치 않던 주가가 1999년 들어서 기어이 폭등을 하기 시작했다. 우리 경제는 IMF 구제금융의 터널에서 완전히 벗어나지 못했지만 주가만큼은 승승장구의 연속이었다. 외환위기 발발 직후인 1997년 후반에서 1998년 초까지 주가가 엄청나게 폭락했기 때문에 이에 대한 반발심리도 작용했고 또한 이제 어느 정도 해결책을 찾아나가는 한국경제에 대한 믿음이 주가를 끌어올리는 동력이 되기도 했다.

　아울러 당시 김대중 정부의 벤처기업 육성정책과 신용카드 사용 활성화를 통한 내수경기 진작정책 등이 주가상승에도 직간접적으로 큰 역할을 했다. 이 정책들은 부동산시장 활성화 정책과 더불어

김대중 정부의 대표적인 3대 경제정책이라 할 수 있을 것이다. 이를 통해 김대중 정부는 단기적이고 가시적인 성과를 당시 도탄에 빠진 국민에게 선물해 주었다. 물론, 그 이후 머지않아 닷컴붕괴와 LG카드사태 및 신용불량자의 양산 그리고 부동산가격 급등 등의 엄청난 문제점을 다시금 우리 경제에 던져주고야 말았지만 말이다.

여하튼 1999년의 주식시장은 이와 같은 다양한 이유로 말미암아 종합주가지수 1,000포인트를 향해 힘찬 행진을 하고 있었다. 여의도 증권가나 명동, 무교동 일대의 금융가는 매일 밤 직장인들의 술자리가 벌어졌다. 삼삼오오 모이기만 하면 주식투자에 관한 이야기였다. 마치 큰 전쟁에서 승리하고 돌아온 군인들이 자신의 무용담을 늘어 놓는 자리와 흡사했다.

"A 주식 그래프를 보니 거의 바닥이더라고 그래서 이때다 싶어 있는 돈에다 신용까지 왕창 받아서 질렀지 뭐야? 그랬더니 따블에 따블이 나는 거야. 역시 내 감이 적중했지."

"요즘 HTS 덕분에 온라인 주문이 가능하니 주식투자하기가 정말 편해. 난 요즘 유행한다는 데이트레이딩(day-trading)을 하거든. 그거 정말 짭짤해. 주식투자가 원래 3일 결제잖아. 그러니 주가가 빠질 때 미수까지 내서 매수했다가 조금이라도 오르면 바로 매도쳐서 그 차액만 먹는 건데. 이게 하루에도 몇 번씩 하면 적잖은 수익이 되거든. 뭐 기업분석이고 시장분석이고 그런 거 필요 없어 중요한 것은 순발력이야 순발력."

상승장을 넘어서서 폭등장으로 이어졌던 1999년 당시, 주식투자에 '주' 자도 모르는 초보자라고 해도 웬만해선 이익을 볼 수 있던 시기였다. 이러한 시기에 일반인에 비해 조금이나마 주식을 더 알던 금융기관 직원들의 주식투자 실적은 더 높을 수밖에 없었다. 제로종금사 직원들 역시 마찬가지였다.

물론, 회사 자체는 여전히 뒤숭숭했다. 1999년 주식시장이 아무리 폭등을 한다고 했지만 외환위기와 금융시장의 경색이 근본적으로 해결되었던 것은 아니었다. 많은 은행이 구조조정을 단행했고 그 후 지방·중소은행들이 대형은행에 합병당하면서 더 많은 실직자를 양산해 냈다.

기업체에 거액의 대출을 전담했던 종금사나 리스사 역시 심각한 구조조정이나 폐업 또는 합병으로 이어지던 절체절명 위기의 시기였다. 제로종금사는 국내 굴지의 제로그룹 자회사인 덕분에 다른 종금사에 비해 1~2년은 더 버틸 수가 있었다. 하지만, 그 기간에 심각한 유동성 위기와 구조조정으로 회사 내부의 분위기는 여간 뒤숭숭했던 게 아니었다. 그룹의 구조조정본부에서 사람들까지 파견되어 제로종금사의 구조조정과 갱생작업을 하고 있었다.

과거 금융기관은 정년이 잘 보장되는 직장 중의 하나로 준공무원과 비슷하다는 생각을 하고 있었다. 하지만, 외환위기 이후 제로종금사에서 단행되었던 구조조정과 명예퇴직은 이러한 생각을 가지고 있던 40대 후반 이상의 직원들에겐 더욱더 커다란 충격이 아닐 수 없었다. 큰 사고만 내지 않으면 정년까지 편안하게 다닐 수 있을 것이라 생각했던 직장으로부터 하루아침에 퇴직명령을 받았으니 말이다.

하지만, 이러한 명예퇴직이 조직 내부에 남아있는 직원들에게 위기감과 경각심을 일깨우고 더욱더 회사를 위해 충성을 해야겠다는 생각을 하게 만들지는 못했다. 오히려 '믿었던 회사가 언제든지 나를 내쫓을 수도 있겠구나!'라는 생각을 하게 만들었다. 조직 분위기는 더욱더 악화되었다.

그룹의 구조조정본부에서 내려온 사람들이 조직을 완전히 장악한 것도 아니고 그렇다고 조직 구성원이 일사불란하게 조직을 운영하는 것도 아닌 어정쩡한 시기가 2년을 계속 이어갔다. 이런 와중에 주식시장이 폭등을 한 것이다. 그러니 직원들은 너도나도 주식시장에 뛰어들었다. 어차피 회사의 미래는 외부의 손에 맡긴 것이니 다른 살길을 알아봄과 동시에 이참에 주식투자라도 해서 한밑천을 잡아야겠다는 생각들이 팽배해 있었다.

조직의 분위기는 점점 어두워져 직원들은 미래가 불안했지만 주식투자로 벌어들이는 달콤한 꿀은 잠시나마 그 불안을 잊기에 충분했다. 특히 이러한 주식투자는 젊은 직원일수록 더 했다. 아직은 젊은 나이니 명예퇴직의 대상이 될 가능성은 선배 직원들보다 훨씬

적다. 게다가 금융시장이 좀 더 안정되면 다른 쪽으로 옮길 가능성
도 훨씬 크다. 여기에 임원부터 말단까지 모두가 좌불안석(坐不安席)
이라 조직의 기강이 해이해질 대로 해이해졌으니 아예 대놓고 주식
투자 하는 것이 가능했던 것이다.

과감한 투자를 해야 대박이 터지는 거야

"오늘 저녁에 마대식 대리가 한잔 쏜다고 하던데, 넌 보나 마나 참석 안 할 거지?"

퇴근길에 나준수가 최기봉에게 이렇게 말했다.

"그래, 난 됐어. 너나 가봐."

최기봉이 말했다.

"야. 그러지 말고 요즘 기분도 꿀꿀한 데 오랜만에 회포나 풀자."

"너, 요즘 우리 경영기획부가 제일 바쁜 거 알지. 향후 자금계획에다 경영계획, 각종 보고서에 구조본에서 나온 사람들하고 커뮤니케이션까지 우리 부서가 다 전담하고 있잖아. 자료 제출하라는 데가 좀 많냐? 어제 야근했더니 오늘 컨디션이 영 좋질 않아."

나준수는 최기봉의 성향을 잘 아는 터라 그 정도 선에서 이야기를 멈췄다.

"그래, 그럼 넌 푹 쉬어. 내일 보자."

"자~ 자~ 글쎄 우리의 마대식 대리님이 코스닥의 '실버뱅크'에 투자를 해서 엄청난 돈을 벌었다고 합니다. 그래서 오늘 한턱낸다고 하니 우리 일단 박수부터 칩시다."

우선 기업금융부의 박상원 주임이 분위기를 띄웠다.

"우와 대단하십니다. 마대식 대리님은 역시 화끈하다니까요."

그 자리에 모였던 또래 직원들이 마대식 대리를 추켜 세웠다.

"하하하. 실버뱅크는 광고 한번 클릭하면 10원씩 준다는 말을 듣고, 이거 정말 획기적인 아이디어다 싶더군. 그렇게 하면 사람들이 실버뱅크 홈페이지로 엄청나게 몰려들 테니까 말이지. 그래서 이 회사 주식이 코스닥에 상장되자마자 앞뒤 재지 않고 바로 투자를 했지. 앞으로 인터넷이 대세이거든. 인터넷 사이트에 사람들이 몰려들도록만 해놓으면 수익모델은 저절로 나올 것이고 따라서 주가도 팡팡 뛸 것이라 생각한 게 적중한 거지."

마대식 대리가 어깨를 으쓱거리며 이야기를 했다.

"그럼 지금 얼마를 버신 거예요?"

"아직 매도는 안 했지만 평가이익으로 3억 정도 번 것 같아. 뭐, 앞으로 더 오를 것 같으니 계속 가지고 있어야겠지."

"우와. 대단하네요."

나준수는 너무 놀랍고 부러워 입을 다물지 못했다.

"그런 거 보면 누구처럼 아등바등 돈 모을 필요 없다니까. 이렇게 주식투자로 한방에 승부가 나는데 말이야. 요즘도 최기봉 주임은 매달 투자신탁에 출근도장 찍나 보던데 그게 다 바보 같은 짓이지. 사람이 기회를 잡을 줄 알아야 하는데 이런 상승장에서도 여전히 그런 짓거리나 하고 있으니 말이야. 정말 답답한 녀석이야."

마대식 대리가 느닷없이 최기봉의 험담을 하기 시작했다.

"아뇨. 요즘은 투자신탁은 좀 위험하다고 원금이 보장되는 은행 적금으로 바꿨는데요. 그래도 그 친구 나름대로 뚝심과 신념은 알아줘야 할 것 같아요."

다소 심기가 불편해진 나준수가 마대식 대리의 말에 이렇게 대꾸를 했다.

"뭐…, 신념? 하하하하. 그 녀석이 무슨 신념이 있어. 좀스럽기만 하지. 사내 녀석이 그렇게 좀스러워서 어디다 써. 인생 한방인데 과감한 투자를 해야 대박이 터지는 거야. 그렇게 아등바등해서 뭘 어쩌겠다고. 평생 그렇게 모아본들 큰돈을 벌 수 있나? 게다가 이젠 아예 은행 적금으로 옮겼다고…, 허허. 이렇게 주가가 뜨는 데 투자 신탁도 불안하다 그거군. 이거 왜 이래. 외환위기는 이미 끝났어. 대현투자증권 사장도 앞으로 주가가 3~4천은 간다고 했잖아. 하여튼 그 친군 성공하기 글렀어."

"하지만, 변동성이 큰 주식투자를 모든 사람이 다 잘할 수는 없잖아요?"

"그것도 부딪히다 보면 느는 거야. 난 말이지. 사실 여러분도 다 알다시피 음주가무를 워낙 좋아해서 모아놓은 돈은 별로 없지만, 이번에 기회를 잡은 거잖아. 솔직히 이번 실버뱅크 투자도 대출을 받아서 한 거야. 누가 바보같이 자기 돈으로 투자를 하나. 남의 돈 끌어다 하는 거지. 요즘 금리가 아무리 높아도 실버뱅크 주가 오르는 데는 감히 따라가질 못하잖아. 이게 바로 레버리지 투자* 아닌가. 내가 이번에 5천만 원을 빌려서 질렀는데, 이자는 1년에 1천만 원 정도만 부담하면 되지만 수익은 벌써 몇억 원이 되었잖아. 이게 바로 돈 버는 지혜인 거야."

마대식 대리는 숨 쉴 틈조차 없이 빠르고 강경한 어조로 이야기를 했다. 그 눈빛에는 스스로에 대한 확신이 가득했다. 이러한 마대식 대리의 태도에 나준수는 뭔가 모를 불안감을 느꼈다. 하지만, 이를 내색하지는 않았다.

'그래, 오늘은 공짜 술이나 얻어먹고 집에 가지. 하지만, 마대식

대리의 저런 태도는 언젠간 큰 화를 면치 못할 것 같군.'

술을 마시면서도 계속해서 나준수는 이렇게 생각했다.

레버리지 투자*

'레버리지 투자(Leverage Investment)'란 외부로부터 돈을 빌려서 투자하는 것을 말한다. 이 용어는 '지렛대(Lever)'에서 파생된 것이다. 자신이 가진 힘이 적더라도 지렛대를 이용하면 무거운 물건을 들어올릴 수 있는 것과 마찬가지로 자신이 가진 돈이 적더라도 외부로부터 돈을 빌리면 대규모 투자가 가능하기 때문이다.

레버리지 투자는 자신의 자금으로 투자를 하는 것에 비해 같은 금액의 수익이 발생하더라도 그 수익률은 엄청나게 높아지게 된다. 예를 들어 100만 원을 투자해 20만 원의 수익이 났다면 수익률은 20%다. 하지만, 1만 원의 이자를 지급하기로 하고 외부로부터 90만 원을 빌려서 자신의 돈 10만 원과 함께 투자를 했다고 해보자. 그럼 20만 원의 수익 중 1만 원은 이자비용으로 빠져나가더라도 자신이 번 돈은 19만 원이 된다. 이때 투자한 돈 중에서 자신의 돈 10만 원을 기준으로 수익률을 계산해 보면 무려 190%(=19만 원÷10만 원)나 되는 것이다. 이런 특징으로 인해 사람들은 수익이 발생할 가능성이 큰 투자처에 대해서 레버리지 투자를 선호하게 된다.

하지만, 빛이 있으면 반드시 그에 상응하는 농도의 그림자가 존재하는 법이다. 만약 철석같이 믿었던 투자에 손실이 발생했다면 큰 낭패를 보게 된다. 예를 들어 자신의 돈 10만 원에 남의 돈 90만 원을 빌려서 100만 원으로 투자를 했다. 하지만, 오히려 20만 원의 손실이 발생했다고 해보자. 그럼 원금 중에서 80만 원만 건지게 된다. 자신의 돈을 다 날릴 뿐만 아니라, 원리금조차 제대로 갚지 못하는 빚쟁이로 전락하게 되는 것이다. 이렇듯 투자의 위험성을 제대로 파악하지 못하고 높은 수익률만 좇아가려는 탐욕이 앞서는 한, 레버리지는 투자자에게 치명적인 독이 될 수 있다. 따라서 레버리지 투자에는 항상 리스크 관리의 중요성이 강조된다.

2008년 가을, 미국 굴지의 투자은행인 리먼브라더스의 파산과 메릴린치의 매각으로 월스트리트뿐만 아니라 전 세계가 엄청난 위기를 겪었다. 이를 계기로 그동안 높은 수익률로 칭송만을 받아왔던 미국식 투자은행에 대한 비판의 목소리가 높아졌다. 이들 글로벌 투자은행들이 그동안 천문학적인 수익률을 올릴 수 있었던 것이 바로 '레버리지 투자'에 기인한 것이었다. 상당수의 글로벌 투자은행들이 무려 자기자본의 20~30배에 이르는 어마어마한 규모의 자금을 외부로부터 차입해서 고위험·고수익의 파생상품에 투자를 해왔다. 하지만, 이들이 투자했던 파생상품에서 투자손실을 보게 되자 그렇게 잘나가던 투자은행들이 순식간에 파산하게 된 것이다. 투자손실에 대한 타격뿐만 아니라 차입금액의 상환불능이라는 이중의 타격에 도무지 버텨낼 재간이 없었던 것이다. 이렇듯 리먼브라더스와 메릴린치 사태는 레버리지 투자의 위험성을 단적으로 보여주는 사례라고 하겠다.

감당할 수 있는 위험만큼만 투자하라

"어제는 재미있었니?"

아직 숙취 때문에 괴로워하는 나준수를 보며 최기봉이 물었다.

"응, 마대식 대리가 크게 한번 쏘았지. 3차까지 갔지 뭐야. 아무튼, 주가가 엄청 올랐다고 입이 함박만 하더군. 그런데 뭔가 모르겠지만 마대식 대리의 그런 모습이 왠지 불안해."

나준수가 피곤으로 충혈된 눈을 껌뻑이며 이렇게 말했다.

"나도 일전에 박상원 주임에게 이야기를 들은 적이 있는데 마이너스 통장에다 대출까지 끼고 4~5천만 원 정도 빌려서 투자를 했다던데…."

최기봉이 말했다.

"그래. 하지만 마대리는 어제도 레버리지 효과를 엄청 강조하더라구. 세상에 자기 돈으로 투자하는 사람이 제일 바보라고 하던데."

"그게 내가 마대리를 못마땅하게 생각하는 점이야. 도대체 금융하는 사람이 기본이 안 된 거지. 레버리지를 일으켜 주식투자 한다는 것만 봐도 그래. 잘 되면 엄청난 수익을 얻겠지만 자칫 잘못되기라도 하면 큰 손실에다 빚쟁이로까지 전락하게 되는 게 레버리지 투자인 거잖아. 도대체 사람이 리스크 관리에 대한 개념이 전혀 없잖아."

최기봉이 다소 볼멘소리로 이렇게 말했다.

"하지만, 모든 투자가 원래 위험이 따르게 마련이잖아."

"맞아. 따라서 위험이 있는 투자를 무조건 피해야 한다는 의미는 아니야. 그럼 아무런 이득도 얻을 수 없을 테니 말이지. 다만, 투자 대상에는 어떤 위험이 있는지 파악을 해서 '이 정도면 내가 감당할 수 있는 위험이구나.'라는 생각이 들면 투자를 하고, 감당하기 어렵거나 아니면 아예 어떤 위험이 도사리고 있는지조차 파악이 안 되는 상태라면 아무리 높은 수익이 있을 것 같아도 투자를 해서는 안 되는 거지. 그게 바로 리스크 관리가 아닐까 나는 개인적으로 그렇게 생각해."

"그래? 그럼 감당할 수 있는 위험이란 무슨 의미야?"

"감당할 수 있다는 것은… 말하자면, 만약 내가 어떤 투자처에

100만 원을 투자했는데 그 돈 중에서 내 돈이 50만 원이고 빌린 돈이 50만 원이라고 가정하자구. 그런데 그 투자처는 우려했던 몇 가지 요인들이 현실화되어 투자원금에 손실을 보게 된다면 대략 40만 원이 날아갈 것으로 예상된다고 해보자구. 그럼 투자실패 후 회수하는 돈은 60만 원이 되겠지. 그래도 빌린 돈 50만 원은 갚고도 10만 원이 남는 거지. 이때 자신의 투자성향을 고려해서 '그래도 나는 이를 감당할 수 있겠다.' 싶으면 투자를 하고, 그렇지 않으면 투자를 하지 않는 것이지.

반면, 자칫 투자를 잘못하면 100만 원이 다 날아갈 투자처라면 결코 50만 원의 돈을 빌려서 투자를 해서는 안 되는 거지. 하지만, 마대식 대리가 과연 그런 위험까지 고려한 후 빚을 내어서 투자를 했을까? 난 아니라고 봐. 그냥 요즘 인터넷이나 닷컴기업이 뜬다고 하니 그냥 확 지른 거지. 그건 투자가 아니라 도박하고 뭐가 다르겠어."

나준수는 최기봉의 '리스크 관리'라는 말에 상당 부분 수긍이 갔다. 당시만 해도 향후 인터넷산업이 엄청나게 발전하고 닷컴기업마다 대박을 터뜨린다는 이야기를 각종 매스컴을 통해 떠들어 대던 시기였다. 하지만, 어느 누구도 이 산업에 대한 수익모델을 자신 있게 내놓지 못하는 상황이었다. 막연히 신기술의 혁명이 세상을 바꿀 것이라는 장밋빛 미래만 이야기할 뿐이었다. 명확한 수익모델에 대한 고민이나 개발 없이 홈페이지의 페이지뷰(page view)만 올라가고 무료회원만 늘어난다고 해서 그 인터넷기업, 닷컴기업이 돈을 벌 수 있는 것은 아닐 텐데 말이다.

'결국, 돈을 벌지 못하는 기업은 망하게 마련이다. 그렇다면, 이건 사상누각 아닌가! 그럼 빚까지 내어 인터넷기업, 닷컴기업에 투자를 한 수많은 투자자는 하루아침에 나락으로 빠질 수 있는 것 아닌가!' 생각이 여기까지 미치자 대기업은 절대 망하지 않는다며 아기 자동차의 대출을 막무가내로 밀어붙여 제로종금사를 위기의 상황으로 몰아넣은 불독이사와 닷컴기업은 무조건 대박이 될 거라며 빚을 내어 몰빵을 지른 마대식 대리의 모습이 자꾸만 겹쳐져 보이기 시작했다.

'과연 마대리는 실버뱅크 투자에 있어서 얼마만큼의 리스크가 내재되어 있는지 가늠을 해본 후에 빚을 내어 투자를 했을까?'

나준수는 잠시 그런 생각을 해보았지만, 어젯밤 마대리의 어떤 모습에서도 실버뱅크 투자에 대한 진지한 고민을 읽어 볼 수는 없었다.

제로종금사의 합병과 나준수의 이직

"제로생명, 제로종금사를 인수 · 합병하기로 발표!!!"

1999년 10월, 드디어 제로종금사의 역사에 종지부를 찍는 시기가 다가왔다. 그동안 풍문은 파다했지만 그래도 공식적인 발표가 없었기에 직원들 모두 독자 생존이라는 실낱같은 희망을 품고 있었다. 하지만, 제로그룹의 금융계열사인 제로생명과의 합병 소식이 언론을 통해 보도되자 직원들 모두는 망연자실한 모습을 감출 수가 없었다.

그로부터 며칠 후 나준수가 사무실에서 일하고 있던 최기봉에게 커피나 한잔하자며 불러 냈다. 둘은 회사 건물 옥상 휴게실로 향했다. 10월이지만 공기는 싸늘했다.

"기봉이 넌 다른 곳으로 옮길 계획 있니?"

자판기 커피를 뽑아 최기봉에게 건네며 나준수가 물었다.

"그러게. 아직 이렇다 할 계획은 없어. 넌 어때? 합병 발표 나고 나서 특히 우리 또래 직원들은 이곳저곳 알아보는 것 같던데.

최기봉은 나준수가 건넨 커피를 받으며 이렇게 말했다.

"사실, 그것 때문에 좀 보자고 했는데 말이야. 너한테 먼저 알려 주는 게 도리인 거 같아서."

이렇게 말하는 나준수의 말에 최기봉은 뭔가를 직감했다는 듯 나준수를 빤히 쳐다보았다.

"그게 말이야. 사실 합병 발표가 나기 전부터 아는 친구나 선배들에게 직장 옮겼으면 한다고 말해 놓았거든. 그런데 뭐, 요즘 같은 위기 상황에 사람 뽑는 데가 그리 흔한 것도 아니고. 특히 우리가 속해있는 금융업계는 있는 사람도 자르는 판인데 새로 뽑을 리가 만무하잖아. 그래서 큰 기대를 안 하고 있었거든. 그런데 우리 회사 합병 발표가 있기 1주일 전 즈음인가 창투사에 다니는 선배에게 연락이 왔어. 그쪽에서 일해볼 생각 없느냐고 말이야."

나준수는 평이한 어조로, 하지만 최기봉에게 뭔가 미안한 듯한 표정으로 말했다.

"창투사? 그게 구체적으로 뭐 하는 회사인데."

당시만 해도 일반 금융기관에서조차 창투사는 다소 생소한 투자회사였다. 그러다 보니 최기봉도 궁금해서 나준수에게 물었다.

"응, 창투사란 '창업투자회사'를 말하는데, 요즘 뜨고 있는 벤처기업 있지. 거기에 전문적으로 투자하는 회사야. 비상장 상태인 초기 벤처기업에 투자하고 나서 그 회사가 성장해서 증권시장에 상장(IPO, initial public offering)하게 되면 그때 투자금을 회수하고 수익을 얻는 벤처캐피털(venture capital) 업무를 주된 사업으로 하는 곳이야. 그래서 창투사를 'VC'라고도 해."

"아. 그렇구나. 나도 어디선가 들어 본 것 같기도 해."

나준수의 설명에 최기봉이 고개를 끄덕이며 대꾸했다.

"사실 이틀 전 외근 나간다고 나가서 창투사 면접 봤어. 그런데 오늘 오전에 합격했다고 언제부터 출근할 수 있느냐고 연락이 왔지 뭐야. 요즘 벤처투자가 활성화되니 그쪽은 적잖게 사람들을 뽑고 있거든."

"그거 잘됐네. 요즘 같은 시기에 오라는 데가 있다는 게 어디야. 그렇지 않아도 합병으로 뒤숭숭하고 앞으로 어떻게 될지도 몰라 불안한데, 여기 있는 것보다 그쪽으로 가는 게 훨씬 좋은 거 아니냐? 축하한다. 축하해."

최기봉은 나준수가 합격했다는 소식에 기뻐하며 이렇게 말했다.

"그렇겠지? 아무래도 그쪽으로 옮기는 게 낫겠지?"

나준수는 여전히 미안한 표정으로 이렇게 말했다.

"당연하지. 우린 합병으로 앞으로 어떻게 될지도 모르잖아. 그리고 투자회사라니 같은 금융계열이라 더없이 좋은 거 같은데. 그런데 너 표정이 왜 그러냐? 별로 기쁘지 않은 것 같은데."

"뭐. 기쁘기야 기쁘지만 나만 홀쩍 떠나게 돼서 너한테 미안해서 그렇지."

나준수가 머리를 긁적이며 이렇게 말했다.

"미안하긴, 뭐가 미안해. 자기 능력껏 움직이는 거지. 난 일단은 합병하는 제로생명으로 옮겨서 후일을 도모해 보면 어떻게든 될 거야. 어차피 나는 순발력이 떨어져서 그리 빨리 다른 곳으로 옮기지도 못해. 아무튼, 이직 소식을 나한테 먼저 말해준 것만 해도 고마운 걸 뭐. 이거 이 형님이 축하주 한잔 사야 하겠는걸."

최기봉은 나준수의 어깨를 두드리며 나준수의 이직을 진정으로 기뻐해 주었다.

합병은 마치 정해진 각본이 있었다는 듯 착착 진행되어 몇 개월 만에 완료가 되었다. 나준수는 최기봉과 이야기를 나누고 나서 보름 만에 창투사로 직장을 옮겼다. 제로종금사가 제로생명과 강제 합병되기 직전까지 남아 있던 제로종금사의 직원 중 절반이 합병과 동시에 또는 합병 후 몇 개월 내에 다른 증권사나 창투사 또는 그 외의 금융기관으로 자리를 옮겼다. 물론 그중 대부분은 나준수와 같은 또래의 젊은 직원들이었다.

수경에게 청혼하다

"나와 결혼해 줄래?"

2000년 겨울이 막 시작될 무렵이었다. 레스토랑에서 식사를 마친 나준수는 준비한 반지를 수경에게 내밀면서 약간 상기된 목소리로 말했다. 그동안 수경과 사귀어 오면서 그녀만큼 자신의 처지를 잘 이해해 주는 사람도 없다는 생각을 많이 했다. 물론 나준수 역시 그녀를 잘 이해하고 사랑하고 있었다. 하지만, 외환위기와 IMF 구제금융, 제로종금사의 합병 등 몇 년간 나준수에게 다가온 여러 시련을 겪는 와중에 쉽사리 수경에게 결혼하자는 말을 꺼낼 수가 없었다. 원래 이런 말이 있지 않은가? 경기가 어려우면 여자는 결혼하려고 하지만 남자는 결혼을 미루려고 한다는 말. 나준수 입장에서도 자신의 상황이 좀 더 안정되고 나서야 수경에게 자신 있게 청혼할 수 있을 것 같았다. 그래서 미루어 오던 청혼을 오늘에서야 하게 된 것이다. 제로종금사가 합병되자 창투사로 옮긴 나준수는 이제 벤처투자라는 새로운 업무에 어느 정도 적응도 되었고 또한 그동안 회사의 합병과 이직 등으로 혼란스러웠던 자신을 옆에서 위로해주며 지켜봐 주었던 수경과의 결혼을 더는 미룰 수가 없었다.

수경과는 대학 4학년 때 만나 7년 가까이 사귀어 온 사이였지만 막상 결혼하자는 말을 꺼내려니 여간 가슴이 떨리는 게 아니었다. 지금껏 재잘거리던 수경도 아무 말 없이 얼굴만 붉혔다.

"그동안 기쁠 때나 힘들 때나 항상 내 옆에 있어 줘서 고마웠어. 이제는 내가 항상 네 옆에서 너를 지켜주고 싶어. 아마도 어린 시절 네가 꿈꾸었던 일들, 이루고 싶었던 일들을 모두 해 줄 수 없을지는 몰라. 하지만, 언제나 네 옆에 있으면서 네가 필요로 할 때마다 너의 이야기를 들어주고 내가 먼저 손을 내밀어 너를 잡아 줄게. 받아 줘. 이 반지를… 그리고 받아줘. 내 마음을….."

나준수는 미리 생각해 두었던 청혼 멘트를 읊조렸다. 그의 표정은 평소와는 달리 진지하고 단호했다.

"그래. 청혼해 줘서 고마워. 둘 다 받아 줄게. 반지랑 오빠 마음이랑."

약간 뜸을 들이던 수경은 이내 행복에 가득 찬 눈망울을 반짝이

며 나준수의 청혼을 받아들였다. 나준수는 꺼내 든 반지를 수경의 손가락에 곱게 끼워 주었다. 그런 그의 얼굴도 함박웃음으로 가득 찼다. 두 사람은 레스토랑 창밖에 펼쳐진 서울의 야경을 바라보면서 와인잔을 부딪쳤다. 와인은 오늘 두 사람의 사랑과 행복만큼이나 달콤하고 향기로웠다.

"오빠, 나 많이 많이 행복하게 해줘야 해."

"응, 오빠만 믿어."

하지만, 결혼은 현실이다. 양가 부모님의 상견례가 끝나고 결혼 날짜를 잡으면서 결혼 준비는 정신없이 진행되었다. 마침 때가 연말·연초라 각종 결산에다 연간 사업계획서 작성이다 해서 직장생활을 하는 나준수나 수경 모두가 업무상 바쁜 시기라 더욱더 정신이 없었다.

결혼 준비 중에 제일 중요한 것이 신혼집을 마련하는 것이다.

"오빠, 난 그냥 깨끗한 곳이라면 어디든 좋아. 어머님 모시려면 약간은 넓은 집이어야겠지만 말이야."

수경은 나준수와 오랫동안 사귀었기 때문에 나준수의 상황을 잘 알고 있었다. 고교시절 아버지가 사업에 실패해서 대학시절부터 단칸방에서 자취하며 고학을 해온 것도, 따라서 보통사람들처럼 결혼할 때 부모님으로부터 어느 정도의 목돈을 지원받을 수 없다는 것도 잘 알고 있었다. 그렇다고 홀어머니까지 모시겠다는 수경의 말에 나준수는 적잖은 감동을 한 듯했다.

"수경인 우리 어머니랑 함께 사는 게 불편하지 않겠어?"

수경의 말에 나준수가 조심스레 물었다.

"어머님과도 그동안 친하게 지내왔으니 같이 살아도 별로 서먹하진 않을 거야. 그러니 함께 사는 게 큰 문제가 되겠어? 그래야, 오빠가 나를 더욱더 이뻐해 줄 거 아냐?"

수경은 약간 애교 섞인 목소리로 이렇게 말했다. 나준수는 수경의 말만으로도 너무나 고마웠다.

"말만으로도 정말 고마워. 네가 결혼해주겠다고 승낙해줬을 때만큼이나 감동적이다야. 하지만, 그건 중요한 문제니까 우리 다시 한번 이야기해보자."

'요즘 여자들 중에 수경이 만한 여자가 또 있을까? 정말 고마워.' 나준수는 이렇게 생각했다. 이제껏 수경과 사귀면서도 지금처럼 수경이 예쁘게 보인 적은 없었다. 하지만, 나준수의 입장에서는 여간 미안한 일이 아닌지라 쉽게 동의할 수는 없었다.

"나중에 이야기하고 말고 할 게 뭐가 있어. 내가 모시고 사는 게 괜찮다는데. 나도 직장 다니니까 아침준비는 어머님께 신세도 지고 말이야. 히히. 그러니 아무 걱정하지 말고 어머님께도 그렇게 말씀 드려. 그 대신 오빠도 우리 엄마, 아빠에게 성심껏 잘해야 해. 알았 지?"

"아무렴. 내가 목숨 걸고 잘할게."

나준수는 수경의 자그맣고 하얀 손을 꼭 잡으며 이렇게 말했다.

"그럼. 오빠 이번 주 토요일 날 우리 집 알아보러 가자."

"그래."

진면목을 발휘한 나준수의 꿀단지

토요일 11시경. 나준수는 수경과 봉천동 근처의 카페에서 만났다. 둘 다 다니는 회사가 강남 쪽이라 봉천동 근처에서 집을 알아보기로 한 것이다.

"오빠, 내가 어제 조금 알아봤는데, 요즘 전세시세가 올 초에 비해 많이 올랐대. 오빠는 돈을 얼마 정도로 생각하고 있어. 혹시 모자라면 나도 좀 보탤게."

수경이 먼저 말을 꺼냈다.

"전세는 무슨 전세. 수경이가 우리 어머니까지 모시겠다는데 집을 사야지. 그리고 집은 남자가 마련하는 거야. 넌 아무 걱정도 하지 마."

나준수가 자신 있게 말했다. 수경은 의외의 발언에 깜짝 놀란 눈치였다.

"왜? 내가 그래도 직장생활을 자그마치 6년 가까이했는데 우리 수경이에게 집 하나 못 사줄 거로 생각한 거야?"

"아니, 오빠가 무슨 돈이 있어. 집에서 보태주는 돈도 없을 테고. 그리고 오빤 평소에 어머님 봉양하면서 나하고 데이트 비용에다 후배들도 챙기고 돈 들어갈 데가 많았잖아."

"하하하. 이 오빠에겐 비장의 카드가 있지."

나준수는 그동안 모아왔던 통장을 '스윽' 꺼내 수경에게 건네 주었다. 수경은 놀란 눈을 하며 나준수의 통장을 받았다.

"오빠! 이게 웬 통장이야?"

"뭐긴 뭐야. 나준수의 꿀단지지."

그렇다. 나준수가 최기봉을 만나면서 모으게 된 꿀단지가 바로 그 통장이었다. 비록 최기봉처럼 한결같지는 않았지만 그래도 수년 간 모은 돈이 적지 않은 목돈이 되어 있었다. 순간 나준수는 최기봉이 처음 자신을 투자신탁으로 데려갔던 때가 떠올랐다. 최기봉 역시 와이셔츠 주머니에서 통장을 '스윽' 꺼내 들지 않았던가! 그때의 그 뿌듯함을 이제야 알 것 같았다. 특히나 돈을 모으는 중간 중간에 한눈판다고 최기봉에게 구박을 당한 적도 적지 않았지만 그게 다 보약이 되어 오늘날 이만큼의 돈을 모을 수 있었다. 나준수는 오늘

따라 최기봉과의 인연이 그렇게 소중할 수가 없었다. 정말 그가 고마웠다.

"오빠의 꿀단지?"

"응, 내가 그동안 좋은 친구를 한 녀석 만나서 이렇게 꿀단지를 만들 수 있게 된 거지."

"아, 같이 예금하러 다녔던 최기봉이라는 분 이야기구나. 그렇다고 이렇게 통장까지 꺼낼 줄은 전혀 몰랐는데. 난 또 오빠네 형편이 안 좋으니까. 어머님 모실 수 있는 평수로 연립주택 전세나 구할까 생각했었거든."

이렇게 말하는 수경의 얼굴은 도저히 표정관리가 안 되는 얼굴이었다. 어쩌면 나준수가 청혼을 했을 때보다 더 행복한 얼굴을 하고 있었다.

"이게 얼마야? 일, 십, 백, 천, 만…"

그곳에는 잔고가 무려 6천만 원에 육박하는 금액이 찍혀 있었다. 수경은 너무 믿기지 않은 듯 다시 통장에 찍힌 잔고의 숫자를 헤아리기 시작했다. 그러더니 갑자기 나준수의 볼에다 뽀뽀를 했다.

'쪽!'

"오빠. 너무 신통 방통해. 너무 믿음직하고, 사랑스럽고…"

수경은 흥분한 어조로 이렇게 두서없이 말했다.

"지금 어머니랑 살고 있는 전세금이 3천 5백만 원이거든, 게다가 내가 알아보니까 결혼을 하게 되면 우리 회사에서 3천만 원 정도 주택구입자금도 빌려 준대. 그것도 아주 낮은 금리로 말이야. 그러니 그 돈까지 합치면 아파트도 살 수 있을 거야."

나준수의 말을 듣고 있던 수경의 눈빛은 나준수에 대한 믿음과 신뢰로 충만해 있었다. 솔직히 나준수는 수경이 이렇게까지 좋아할 줄은 몰랐다. 그러고 보면 수경도 천상 여자였다. 그동안 종금사의 합병과 이직으로 힘들어할 때마다 나준수보다 오히려 어른스럽게 그를 위로해 주던 대견스런 수경이었지만 자신의 남자가 꺼내 든 통장에 기쁨을 감추지 못하는 어쩔 수 없는 여자였던 것이다.

"그래, 오빠. 요즘은 전세금이 많이 올라 전셋돈에 몇천만 원만 더 보태서 차라리 집을 사는 게 낫다는 말들을 하더라고. 우리도 이 참에 집을 사자. 혹시나 모자라면 내가 그동안 모아 놓은 결혼자금으로 조금 보탤게. 호호호."

그렇다. 당시는 2000년 후반이 아닌가! 아직은 부동산 가격이 본격적으로 폭등하기 전이었기에 가능한 이야기였다.

수경의 기뻐하는 모습을 보니 나준수는 이런 자신이 너무나도 대견스러웠다. 사랑하는 여자에게 자신 있게 내밀 수 있는 통장이 있다는 것이 남자로서 이토록 뿌듯하고 기분 좋은 일이란 걸 예전에는 미처 몰랐다. 어머니를 모시겠다는 수경의 제안에 무척 고마웠지만, 한편으론 미안한 감정이 있던 나준수는 오늘 수경의 기뻐하는 모습을 보고 조금이나마 미안한 감정을 덜 수 있었다.

'그래! 이것이야말로 백만 불짜리 종자돈이구나!'

나준수는 이런 생각이 들었다. 비록 액수는 6천만 원 수준이었지만 수경의 사랑과 신뢰를 얻을 수 있었으니 백만 불의 가치, 아니 그 이상의 가치를 가지기에 충분하다고 생각했기 때문이다.

"오빠. 그럼 우리들의 보금자리를 구하러 나가볼까?"

"그래. 그러자."

둘은 손을 꼭 잡고 집을 알아보려고 카페를 나섰다.

'내가 기봉이 녀석을 알게 되지 않았다면 어땠을까? 월급 들어오는 대로 흥청망청 쓰면서 총각 시절을 보내지 않았을까? 그 녀석 덕분에 기쁜 마음으로 꾸준히 모으게 된 종자돈이 이런 곳에서 큰 힘이 되어줄지 누가 알았겠어? 기봉아, 고마워.'

나준수는 카페를 나서면서 이렇게 생각했다.

3부
알짜부자 최기봉

최기봉과의 재회(再會)

2003년, 세월은 참으로 빨리 흘러간다. 나준수가 제로종금사를 그만두고 창투사로 옮긴 지도 4년 정도가 지났다. 그동안 창투업계도 적지 않은 변화가 있었다. 50배수, 100배수 투자로 하늘같이 치솟기만 하던 벤처기업들이 뚜렷한 수익모델도 없고 신규투자도 끊겨버려 거의 10개 중 9개가 완전자본잠식이나 파산상태로 몰렸다. 불과 몇 년 전의 IMF 구제금융 당시 기업대출시장에서 겪었던 상황이 창투업계에서도 그대로 재현되었다. 적지 않은 창투사가 수익을 내지 못해 새로운 주주들에게 인수되거나 창투사* 라이선스를 반납하고 폐업했다. 이렇듯 역사는 되풀이되지만 대부분의 사람은 그것을 깨닫지 못하고 또 비슷한 과오를 저지르나 보다.

생각해 보라. 2008년 말에는 급기야 글로벌 금융위기까지 터졌으니 말이다. 이번에는 서브프라임 모기지란 위험성이 높은 주택담보대출을 증권화시켜 만든 파생금융상품에 미국의 유수 투자회사들이 앞다투어 투자했었다. 물론, 이러한 위험한 투자는 부도와 파산이라는 종지부를 기어이 찍게끔 하였고, 급기야 세계 경제 자체를 뒤흔들어 놓지 않았던가! 어쩌면 우리는 역사를 통해 뭔가를 배워야 한다는 구호만 외칠 뿐 현실에서는 이를 제대로 이행하지 못하는 우매한 존재일지도 모른다.

그래도 나준수가 다니는 창투사의 상황은 나쁘지 않았다. 과거에 투자한 벤처기업 중에서 그나마 몇 개 업체가 코스닥시장에 상장되어 큰돈을 벌게 해 준 것도 있고 또한 새로 시작한 기업구조조정(CRC)* 업무를 통해 벤처투자부문에서 까먹은 돈을 만회하면서 미래를 도모하고 있었다.

나준수도 이제 창투사 투자팀장으로서 어엿한 자리매김을 하고 있었다. 2년 전엔 그동안 사귀어 오던 수경과도 결혼을 했고 아이도 하나 생겼다. IMF의 혼란기와 종금사의 합병 그리고 새로운 직장으로의 이직 등 몇 년간 나준수에게 찾아 왔던 혼돈과 변화의 시기를 옆에서 잘 응원해 주고 묵묵히 기다려 준 그녀였기에 그들의 행복한 가정은 더욱 더 가치 있고 소중한 것이었다.

창업투자회사*(Venture Capital)

창업투자회사(창투사)라는 이름 때문에 적지 않은 사람들이 퇴직 후 음식점이나 호프집을 창업할 때 창업자금을 대주는 회사로 착각하는 경향이 있는데 이와는 상당히 거리가 있는 회사다. 창투사란 기술력과 사업성은 있으나 자금력이 부족한 초기 벤처기업에 투자하는 것을 주된 업무로 하는 투자회사다. 초기 벤처기업의 경우 담보 제공능력이 떨어지기 때문에 일반 금융회사로부터 대출을 받기가 쉽지 않다. 이때 창투사의 투자자금이 필요한 것이다.

창투사는 벤처기업의 창업단계부터 증권시장에 상장하기 이전 단계까지의 상당 기간에 벤처기업의 성장을 위해 필요한 자금을 조달하는 역할을 한다. 자금조달의 방식은 주식인수 등의 형태로 벤처기업에 이자부담이 적은 장기자금을 지원하는 동시에 경영 및 재무 컨설팅을 통하여 부가가치를 올림으로써 벤처기업을 성장하게 하는 고위험·고수익의 투자기회를 추구한다. 이렇게 투자한 자금은 벤처기업이 증권시장(주로 코스닥시장)에 상장하게 되면 장내 매도를 통해서 원금과 투자수익을 회수하게 된다.

기업구조조정전문회사*(CRC, Corporate Restructuring Company)

부실기업을 인수하여 구조조정을 통해 기업의 가치를 상승시킨 다음 해당 기업을 재매각하여 투자수익을 확보하는 투자회사를 말한다. 쉽게 말해 망가진 차를 싸게 구매한 후 이를 수리해서 더욱 높은 가격을 받고 다시 중고차 시장에 파는 일과 같다고 보면 된다. 1997년 외환위기 및 IMF 구제금융 당시 대거 발생한 부실기업을 정리하고 회생시키기 위해 외국의 벌처펀드(부실증권 및 부실기업에 투자하는 투자기관 및 자금)를 모델로 하여 정부의 주도하에 만들어졌다. 창투사나 전문회사가 특정 자격요건을 갖춘 후 정부로부터 CRC 라이선스를 획득하여 기업구조조정 업무를 하는 것이 일반적이다. 주요 업무는 주식인수, 합병, 영업양수를 통한 구조조정 기업의 인수, 경영정상화, 재매각 등이다. 참고로 2009년에 자본시장법이 시행되면서 그동안 한시적으로 운영되었던 기업구조조정(CRC) 제도는 사라졌다. 대신 구조개선 PEF(사모펀드) 등을 통해 이러한 업무를 계속할 수 있을 것으로 보인다.

"기봉이냐? 나 준수야."

"준수? 나준수구나. 이야 오랜만이다. 이게 몇 년 만이냐? 너 살아있었구나. 한 2년 전인가. 너 결혼식 때 보고 이게 처음인 거 같다."

핸드폰을 통해 들려오는 나준수의 목소리에 최기봉은 반가운 마음을 자제할 수 없었다. 4년 전 제로종금사가 제로생명에 합병당한 이후 최기봉은 6개월 정도 제로생명의 회계팀에 배속되어 근무를 했었다. 물론, 나준수는 합병 직후 이직한 창투사가 강남 테헤란

로에 있었기 때문에 회사가 가까운 강남의 오피스텔로 이사를 했었다. 그때까지만 해도 나준수와 최기봉은 과거처럼 거의 매일은 아니지만 그래도 2~3주에 한두 번씩 만나서 술도 한 잔씩 하며 왕래는 했었다. 하지만, 6개월 후 최기봉이 갑자기 포항으로 내려간다고 했다.

큰아버지가 포항에서 중소기업을 하고 있는데 회계 쪽 사람을 구하기가 힘들다며 큰 회사의 회계업무를 해봤던 최기봉에게 도움을 요청했다고 했다. 큰아버지 입장에선 회사의 자금을 맡기는 일이었기에 최기봉 같은 믿음직한 조카의 도움이 절실했다. 최기봉 역시 합병 당해 들어간 새 조직에 있기보다는 큰아버지의 사업을 도와주는 게 더 낫다고 생각했다.

"지금의 제로생명은 싫든 좋든 내가 원해서 입사시험을 치르고 면접을 봐서 들어간 직장이 아니잖아. 그냥 어느 날 강제로 배치 받고 짐 싸서 들어간 직장이란 말이야. 준수 넌 합병하자마자 이직을 해서 잘 모르겠지만, 그게 그렇게 좋은 분위기만은 아니더라구. 제로생명 기존 직원들이 보는 눈도 그렇고 또 보험 쪽 회계가 우리랑 좀 다른데 이 나이에 그걸 다른 직원에게 물어보는 것도 좀 그렇고. 사실 1년 전부터 우리 큰 아버지가 러브콜(love call)을 보내오셨거든 그런데 이번에 아예 담당 부서장이 회사를 그만둔다고 하셔서 고심 끝에 옮기기로 결정했지. 여기서 왕따 당하느니 차라리 집안

일을 돕는 게 더 좋을 것 같아."

나준수가 지방에 있는 중소기업까지 갈 필요가 있느냐는 물음에 최기봉은 이렇게 대답했었다. 당시 제로종금사의 상당수의 직원은 딱히 꼬집어 말할 수는 없었지만 은근한 따돌림을 제로생명의 조직으로부터 그리고 직원들로부터 받고 있었다. 물론, 그것은 합병당한 제로종금사 직원들의 자격지심 때문이었을지도 모른다. 하지만, 그 이후 상당수의 직원이 승진에 누락되거나 명예퇴직 대상이 되어 퇴사한 것을 보면 100% 자격지심 때문만은 아니었던 것 같다.

그동안 나준수도 창투사라는 새로운 업무에 적응하느라 정신이 없었고, 최기봉도 포항에 내려가 새로운 직장생활을 하느라 정신이 없었다. 최기봉이 포항으로 내려간 후 가끔씩 연락을 했지만 나준수의 결혼식을 마지막으로 서로 연락이 끊어졌었다. 그 후 2년이란 세월이 흘렀다.

"너 결혼은 했니?"

전화로 나준수가 물었다.

"내가 결혼했으면 준수 너한테 먼저 연락을 했지."

"그렇구나. 참! 내가 이번 주 금요일에 포항 내려가는데, 그날 저녁 시간 되면 얼굴이나 보자."

"포항은 어쩐 일이냐?"

"아. 이번에 우리가 투자하려는 바이오벤처기업이 포항에 있거든. 실사(實査)를 하기 위해 방문할 계획이야. 포항 가는 김에 너 한 번 만나려고. 그나저나 내가 너 연락처 수소문하느라 얼마나 고생한 지 아냐?"

"아. 내가 1년 전에 전화번호가 바뀌었거든. 그래도 전화번호변경 문자메시지는 보냈던 것으로 기억하는데."

"그랬던가? 어쨌든, 너나 나나 참 그동안 너무 무심했던 것 같아."

"그래 미안하다. 허허허. 유봉이 자원에서 방래한다는데 당근, 시간 비워둬야지. 그럼 금요일 저녁 6시쯤 볼까?"

나준수가 만난 최기봉은 그대로였다. 외모나 말투나 별로 변한 게 없었다. 일단, 둘은 포항 죽도어시장의 어느 횟집으로 갔다.

"이게 얼마 만이냐? 자, 한잔 받아라."

소주잔을 내미는 최기봉의 얼굴에도 반가움의 미소가 가득했다.

"그래, 마누라에게는 너 만난다고 내일 올라간다고 했으니 오늘 찐하게 한번 마셔보자."

둘은 서로의 근황부터 이야기를 하기 시작했다. 나준수가 다니고 있는 창투업계의 이야기와 결혼한 아내 수경의 이야기 그리고 이제

10개월을 넘어선 아기 이야기까지 여러 가지 이야기를 했다. 최기봉 역시 현재 다니고 있는 회사 이야기와 포항에서 사는 이야기 그리고 무엇보다 몇 달 전부터 큰아버지의 소개로 만나 교제 중인 여자친구에 대해 이야기를 했다.

"이야. 축하한다. 오늘 여자친구랑 함께 나오지 그랬어?"

최기봉의 여자친구 이야기가 나오자 나준수는 반가운 표정으로 말했다.

"오늘은 너랑 오랜만에 만났는데 그동안의 회포나 마음껏 풀자고 혼자 나온 거야. 다음에 한번 소개해 줄게."

"야, 그래도 오늘 잠시라도 데리고 나오지 그랬냐? 내가 포항에 자주 내려올 수 있는 것도 아닌데, 다음 기약하기가 그리 쉽니?"

"아냐, 사실 나 조만간 서울로 올라갈 것 같아. 우리 회사에서 서울 가산동에 지사를 세우게 됐는데 그 설립 작업이랑 내부 운영책임을 맡을 것 같아. 이르면 다음달, 늦어도 올해 말까지는 올라가게 될 거야. 그래서 내 생각에는 올라가기 전에 결혼을 좀 서둘러야 할 거 같아. 여자친구도 그러길 바라는 눈치고. 아무래도 상견례다 뭐다 해서 조만간 여자친구를 서울에 한번 데리고 갈 거니 그때 꼭 시간 내서 한번 보자. 예전 종금사 직원들도 몇 명 불러서 간만에 다 같이 한번 보자구."

"그래? 너 회사에서 이제 중책을 맡고 있나 보네. 이거 축하할 일이 줄줄이 있네. 서울 입성에 결혼에… 자! 축하주 한잔 받아.”

나준수는 고무되어 소주잔을 들이키곤 이내 빈 잔을 최기봉에게 권했다.

“그래 고맙다. 나도 결혼을 한다니 믿기지는 않는다. 솔직히…. 허허허.”

서로 술잔을 주거니 받거니 하며 시간 가는 줄 모르며 이야기를 나누었다. 어느새 술기운이 오르자 최기봉은 뭔가 생각하는 듯한 눈빛으로 횟집의 건너편으로 보이는 취해가는 밤바다를 응시했다.

“너, 혹시 예전에 만났던 여자 생각나니?”

갑자기 나준수가 짓궂은 표정으로 최기봉에게 이런 질문을 했다.

“누구?”

갑작스런 나준수의 질문에 최기봉은 약간 당황해 하며 되물었다.

“누구긴 누구야. 예전에 얼굴도 예쁘고 몸매도 늘씬했다던 그 여자. 그 백화점 옷사건녀(女)!”

나준수가 더욱더 짓궂은 표정으로 대답했다. 백화점 옷사건녀는 과거 최기봉이 경제관념이 자신하고 많이 다르다며 헤어졌던 여자였다.

“허허허. 아니라고 하면 거짓말이겠지. 물론, 가끔 생각은 나지. 하지만, 그 이상 그 이하도 아니야. 오히려 지금 만나는 여자친구가 훨씬 더 괜찮지. 비록 그때 그 여자처럼 늘씬하고 예쁜 스타일은 아니지. 하지만, 가만 보면 얼마나 귀엽다고. 그리고 자신의 일도 열심히 하는 타입이고 무엇보다 나를 잘 이해해주거든."

"경제관념은?"

"허허허. 그래, 그것도 중요한 것 중의 하나인데. 내가 충분히 받아들일 수 있는 수준이더라구. 즐길 것은 즐기는 편이지만 그것도 자신이 즐길 수 있는 한도까지만 즐긴다는 주의인데, 그런데 쭉 만나보니까 그 즐긴다는 것이 그리 사치스러운 수준도 아니더라구. 알뜰살뜰 모은 돈도 꽤 되고 말이야. 역시 여자는 서울여자보다 지방여자가 훨씬 허영심도 적고 사려 깊은 것 같아."

이렇게 말하는 최기봉의 입가에는 어느새 만족스런 미소가 감돌았다.

"야. 서울여자도 서울여자 나름이야. 너도 잘 알겠지만, 우리 수경이 봐. 완전 서울내기인데 얼마나 착하고 현명한데. 그리고 수경이가 아기하고 우리 어머니에게 얼마나 잘한다고. 난 딴 건 몰라도 그건 정말 마음에 든다니까."

"그래. 수경 씨는 그렇지. 넌 지방출신이니까 서울여자에게 끌리고 난 서울출신이라서 지방여자에게 끌리는 건가? 하하하."

"하하하, 아무튼 누가 들으면 우리 보고 팔불출이라고 하겠다."

나준수와 최기봉은 함께 웃었다. 둘은 술에 취하고 이야기에 취해 밤이 깊어가는지도 몰랐다.

알짜부자 최기봉

"그나저나, 너 서울 올라가면 집은 어떻게 할 거냐?"

2차로 포항시내의 어느 맥줏집으로 옮긴 둘. 나준수가 먼저 이렇게 물었다.

"응. 사실 서울에 집 한 채 사놓은 거 있어."

"그래, 그새 집 장만까지 했냐? 요즘 서울 집값 장난이 아닌데. 너답지 않게 엄청 무리했구나."

"아냐, 요즘 산 게 아니라. 포항 내려오기 전에, 그러니까 2000년 초반에 미리 사놓은 거야."

최기봉은 내심 자랑스럽다는 표정으로 이렇게 말했다.

"우와! 너 대단하다. 2000년 초반이면 엄청 쌀 때 사놓은 거네.

어딘데? 어디에 샀어?"

나준수가 놀랍다는 표정으로 이렇게 되물었다.

"으응. 잠실 주공. 물론, 지금은 재건축 중이니까 임시로 전세를 얻어 살려고 해. 그러다 나중에 완공이 되면 입주를 할 계획이야."

그랬다. 최기봉이 2000년 초반에 매입했다는 아파트는 다름 아닌 재건축으로 주가를 올리고 있던 서울 송파구에 있는 잠실 주공 아파트였다. 2009년 현재는 이미 재건축이 끝났고 입주가 완료되었다. 2008년부터 부동산 가격이 본격적으로 하락했음에도 불구하고 3.3m²당 2,500~3,000만 원을 호가하고 있는 아파트인데, 하물며 부동산시장의 상승기였던 2003년 당시엔 상당한 이슈거리였던 아파트임이 틀림없었다.

"정말? 야 너 정말 대단하다. 그래 얼마 주고 산 건데."

"응 2000년에 15평짜리를 1억 5천만 원 정도 주고 샀지. 재건축이 되면 33평형이 될 거래."

최기봉은 오히려 쑥스러운듯한 표정으로 이렇게 말했다. 원래 사람이란 자랑스러운 일을 했거나 좋은 성과를 거두었을 때 오히려 쑥스러운 듯한 표정을 짓나 보다. 나준수가 최기봉과 이렇게 이야기를 하고 있는 2003년 당시에 잠실 주공아파트는 재건축 붐에 의해 15평짜리가 4~5억 원대를 호가하며 기염을 토하고 있었다. 2003년 당시는 부동산가격 상승의 열기로 온 나라가 들끓고 있던 시기였지 않았던가! 그러니 나준수는 최기봉이 잠실 주공아파트를 사놓았다는 말에 놀라지 않을 수 없었다. 그것도 3년 전에 미리 샀다니 말이다.

"어떻게 그런 혜안이 있었는지 놀라울 따름이군. 사실 기봉이 넌 투자 같은 거 별로 안 좋아했잖니. 예전 종금사 시절에도 주식투자 절대로 안 하고, 매달 수익증권에 예치하는 걸로 유명했었잖아. 그런데 그런 네가 이번에는 과감하게 부동산투자에 베팅을 했다니 정말 대견하다."

나준수는 축하 반, 부러움 반으로 이렇게 이야기했다.

"아냐. 솔직히 부동산이 그렇게 오를지 알고 투자를 한 것은 아냐. 그리고 투자에 대한 내 생각이 엄청나게 바뀐 것도 아니고…, 사실 요즘도 계속 월급을 모으고 있는 건 마찬가지야. 종자돈 모으기, 그건 그냥 뭐랄까… 처음엔 재미있어서 한 것이고 또 계속 하다 보니 이제는 습관이 되어 버린 것이지. 여전히 나는 재테크 기법이 어쩌니, 대박이 어쩌니 하는 그런 것에 대해선 잘 몰라. 또 요즘 인터넷 카페나 이런 데서 떠들어 대는 부자 만들기, 10억 만들기 이런 것도 나쁜 건 아니지만 너무 조급하게 뭔가를 이루려고 하는 것 같아서 탐탁지 않기도 하고. 아무튼, 그래…. 난 그저 재미있어서 돈을 모았던 건데 어째 요즘 사람들은 무슨 전쟁에 임하는 각오로 10억 만들기를 하려고 벼르는 것 같아. 아마 그렇게 하다간 금방 지쳐

버릴걸…."

최기봉은 말을 잠시 끊었다가 무슨 생각이 났는지 다시 말을 이었다.

"아 참! 그렇다고 해서 준수 네가 알고 있던 예전의 짠돌이만은 아니야. 종자돈이 모이고 운용해야 할 목돈도 있고 하니 예전처럼 월급의 80~90%를 저축하지는 않아. 이미 만들어 놓은 목돈들이 새끼를 치듯 이자에 이자가 붙으니까 굳이 그럴 필요가 없더라구. 한마디로 여유가 좀 생긴 거지. 그래서 요즘엔 좀 즐기기도 해. 얼마 전엔 여자친구랑 일본 온천여행에도 다녀왔어. 너 노천탕이란 데 가봤니? 서늘한 밤 공기 속에 따뜻한 온천에 몸을 담그니 세상만사가 내 것 같고 '이야~ 역시 돈이 좋긴 좋나 보내.' 이런 생각까지 들더라구. 아! 내가 좀 속물 같나? 하하하."

최기봉은 과거처럼 자신이 짠돌이만은 아니라는 것을 강조하고 싶었는지 이렇게 주저리주저리 이야기를 이어갔다. 최기봉이 말하는 동안 나준수는 그로부터 경제적인 여유와 이로 인한 자유를 느낄 수 있었다. 요즘 각종 인터넷 카페나 언론, 출판에서 떠들어 대는 게 경제적인 자유가 아니던가! 순간 나준수는 그동안의 최기봉의 행로에 대해 더 알고 싶어졌다.

"그래, 무슨 말인지 알겠다. 그런데 아까 하던 말 계속 해봐. 부동산 가격이 오를 거라 예상하고 집을 산 게 아니라니 그게 무슨 말이야?"

나준수는 다시 화제를 아파트 쪽으로 끌어들이고 싶었다.

"응, 사실 너도 잘 알다시피 내가 매달 월급 받으면 대부분을 예금을 했잖니. 그러다 보니 돈이 꽤 모이더라구. 지금은 정확한 액수는 기억 안 나지만, 제로생명으로 합병됐을 때 원금에다가 이자까지 대략 2억 원 가까이 모았을 거야. 통장에 목돈이 들어가 있으니, 자연스럽게 이 돈을 어떻게 굴리나 하는 생각이 들더군."

하면서 최기봉은 나준수의 빈 술잔에 맥주를 부어주었다.

"내가 뭐 경제학자도 아니고 그렇다고 월스트리트 펀드매니저도 아니고 모든 경제현상과 투자처를 다 알 수가 있겠니? 게다가 난 업무와 관련된 것 외에는 정보 수집하는 것도 둔하잖아. 하지만, 금리가 빠지는 건 바로 알겠더라고. 너도 알다시피 2000년 이후부터 금리가 계속해서 떨어졌잖아. 특별한 관심을 두고 정보를 모아서 그랬다기보다는 그냥 피부로 느껴지는 거였지. 비교적 큰 액수의 목돈이 생기게 되면 자연스럽게 알 수 있는 게 금리의 변화거든."

"그렇겠네. 당장 이자 붙는 액수가 달라질 거니까."

"그렇지. 이자 붙는 게 예전과 달라진 게 확 느껴지더군. 적은 금액이라면 잘 못 느끼겠지만 큰 액수니까 금방 느껴지지. 그러니까 아깝더라구. 그래서 뭔가 다른 쪽에다 목돈을 묻어 둬야겠다는 생각이 들더군."

"그래서 부동산을 선택한 거야?"

"응, 그때 즈음 우리 사장님이, 아 참! 우리 회사 사장님이 우리 큰아버지인 건 너도 알고 있겠지?"

"물론, 알고 있지."

"포항에서 사업하시느라 바쁘셔서 연락이 뜸했는데 사람이 필요하다고 한번 포항으로 내려오라고 그러셨지. 솔직히 나도 그때는 다른 직장으로 옮겨볼까 생각하고 있었던 터라. 주말을 이용해서 포항에 내려갔지. 우리 사장님하고 그때 이런저런 이야기를 많이 했지. 물론, 포항에서 서울로 올라오면서 지금의 회사로 옮겨야겠다는 결심도 굳혔고. 그런데 그때 사장님께서 그런 말씀을 하시더라구. 목돈이 있으면 서울 쪽 재건축 아파트를 사놓으라고 말이야. 사장님도 내가 월급을 모아서 제법 목돈이 있다는 것을 알고 계셨거든. 그런 면에선 우리 집안에서 내가 좀 유명했었어. 허허허."

최기봉은 맥주를 한 모금 들이키더니 말을 계속 이어나갔다.

"그래서 그때부터 부동산에 대해 관심을 두기 시작했지. 우리 사장님이 비록 중소기업을 운영하시지만 자수성가하셨고 경제나 투자감각도 있으셔서 그분의 제안이 확 와닿았었거든. 부동산도 처음엔 잘 모르겠더니 조금씩 관심을 두니 재미있더라구. 그래서 주말에는 부동산중개사무소에 다니며 이곳저곳 알아봤지.

어차피 금리도 빠져서 목돈을 그냥 금융상품에 넣어두기도 아깝고, 그렇다고 거의 5~6년간 모아왔던 알토란 같은 자금을 몽땅 주식투자에 지르는 것도 내 성향상 부담스럽고. 부동산은 환금성은 떨어지지만 그래도 하늘로 증발하거나 휴짓조각은 되지 않겠다 싶었지. 부동산을 알아가면 갈수록 나같이 유동성이 풍부한 사람은 반드시 사놓으면 플러스가 될 것 같다는 확신이 들더라구. 그러다 잠실주공아파트를 사게 된 것이지. 송파구가 녹지비율도 높고, 강남 테헤란 중심가와도 가깝고 미사리 같은 교외로 빠지기도 좋고, 뭐 학군도 좋은 것 같고, 게다가 대규모 재건축 단지이고 모든 게 마음에 들더라고. 난 솔직히 이렇게 부동산이 급격히 오를 줄은 몰랐어. 그냥 포항으로 내려가기 전에 묻어 두면 언젠가는 자산가격도 오를 것이고 또 나중에 내가 살아도 좋을 것 같고 해서 산 것뿐이야. 어찌 보면 소 뒷걸음치다가 쥐 잡은 것이지 뭐. 허허허."

최기봉이 웃으며 이렇게 말했다.

"야, 그건 아니다. 기봉이 너 이야기를 들어보니 다년간의 내공이 쌓여서 그렇게 된 것 같은데. 그동안 목돈을 그렇게 많이 모아놓지 않았다면, 큰아버지께서 그런 조언을 했을 리도 없고 설령 조언을 했더라도 그냥 발만 구르다 마는 거지. 너 성격에 빚내서 지를 리도 없었을 테고 말이야."

나준수가 최기봉이 대견하다는 듯 이렇게 말했다.

"허허허, 그런가?"

"어른들 말이 하나도 그른 것이 없다니까. 기회는 누구에게나 찾아오지만 준비된 사람만이 그것을 발견하고 잡는다고 하잖아. 기봉이, 너도 거의 5~6년간 종자돈을 모아 놓았으니 준비된 사람이라 할 수 있겠지."

"너 말 듣고 보니 그런 것 같기도 해. 사실 그전에는 부동산에 대해 문외한이었는데 어떻게 하다 보니 집을 사게 되었네. 그러면서 많이 배웠지. 그러고 보면 사람들은 다 때가 있는 법인가 봐. 원래 취업을 앞둔 사람은 길거리에 회사 간판만 보이고, 결혼을 앞둔 여자는 온통 혼수품 광고만 보인다고 하잖아. 나도 종자돈을 그렇게 모아 놓았으니 자연스럽게 부동산에 눈이 간 것 같아."

"아무튼, 정말 대단하다. 그럼 앞으로도 계속 부동산 투자를 할 생각이니?"

나준수가 맥주 한잔을 쭉 들이킨 후, 최기봉에게 물었다.

"꼭 그런 것만은 아니지. 목돈이 생겼다고 부동산에만 몰빵을 지를 수는 없지. 나의 사전에는 몰빵 같은 것은 없잖니. 허허허. 항상 분산투자를 해야지. 목돈이 크면 클수록 말이야. 그래서 최근에는 펀드 같은 금융상품에도 가입을 했어. 아는 후배가 외국계 은행 PB(프라이빗 뱅킹)에서 재무상담사를 하고 있는데 중국펀드가 있다고 소개하더라구. 그래서 거기도 적지 않은 돈을 묻어 두었지 내가 직접 알아봤더니 앞으로 중국 주식시장이 본격적으로 뜰 것 같더라구."

최기봉이 약간 쑥스러운 듯한 표정으로 이렇게 말했다. 사실

2003년 당시만 해도 해외펀드나 중국펀드가 국내에 대중적으로 알려지지 않은 상태였다. 나준수는 다소 의아해했다.

"중국펀드라면 중국 주식시장에 투자하는 그런 펀드인가 봐?"

"응, 정확히 말하면 중국 기업이 상장된 홍콩 주식시장에 투자하는 건데 여하튼 중국기업에 투자하는 펀드니까 중국펀드인 거지."

"역시 기봉이 네가 돈이 조금 있는가 봐. 외국계 은행 PB 후배가 너에게 다 붙고 말이지."

"목돈이 모이니까 고급정보를 가지고 있는 우수한 PB들이 연락을 많이 하더라구. 물론 난 보수적인 편이라 그런 말만 믿고 덜컥 투자를 하지는 않지만 상당히 참고가 되더군."

후일담이지만 중국펀드는 엄청나게 떴고 너도나도 중국펀드에 우르르 몰릴 때 최기봉은 유유히 중국펀드를 처분하고 적지 않은 수익을 올린 것으로 안다. 여윳돈이 있다 보니 최기봉은 투자에서 언제나 반발 앞서 나가는 선순환의 연속이었던 것이다.

"아무튼, 너 참 대단하다. 난 너 그때 월급날마다 밀감투자신탁으로 뛰어갈 때부터 뭔가 심상찮은 느낌을 받았거든. 하하하. 그때 나에게 꿀단지 보여 주겠다고 같이 가자고 했던 거 기억나니? 그 꿀단지가 이제는 꿀 타워가 된 거 같아. 하하하."

"꿀 타워? 그래 너 말 참 재미있게 하네. 그래 꿀 타워다. 하하하. 아 참! 그때 준수 너도 나 따라서 수익증권 가입하지 않았냐?"

"그래, 너만큼은 아니지만 그때 나도 목돈 좀 모았지. 대략 5~6천만 원 정도 모았지 아마. 그래서 종금사 그만두고 결혼할 때 그 돈이 상당한 도움이 되었지. 그 점은 지금도 너한테 고맙게 생각하고 있어. 하지만, 기봉이 네가 없으니까 그 이후로는 끈기 있게 모으지는 못했어. 내가 원래 사람들과 어울리는 걸 좀 좋아하잖니. 하지만, 우리 수경이가 워낙 알뜰해서 지금은 다시 정신 차리고 살고 있어. 허허허."

나준수가 머리를 긁적이며 말했다.

"그렇구나. 준수 너의 종자돈도 백만 불짜리였구나."

최기봉이 씩 웃으며 말했다.

"백만 불짜리 종자돈?"

"응, 내가 지나고 나서 생각해보니까 그때 우리가 모았던 종자돈은 우리 인생에서 백만 불짜리 아니 천만 불짜리 가치가 있는 종자돈이었던 것 같아. 비록 실제 액수는 훨씬 작은 것이었지만 그 역할은 그보다도 더 큰 가치를 발휘했으니 말이야. 뭐랄까? 준수, 너 대학시절에 열심히 외웠던 《Vocabulary 22000》란 책 기억하지?"

"물론, 기억하지. 그때 거기 있는 영어 단어 외운다고 엄청 고생했었지."

"그래, 그런데 사실 그 책에 실린 영어 단어가 실제 2만 2천 개가 아니잖아. 기껏해야 2천 단어 남짓이었지. 그래서 한번은 선배에게 왜 책 제목이 22000이냐고 물어본 적이 있어. 그랬더니 그 책에 실린 2천 개 남짓의 단어만 외워놓으면 실제 2만 2천 개의 어휘를 구사하는 힘이 생긴다고 해서 그런 제목을 붙였다는 거야. 난 종자돈도 마찬가지라고 생각해. 비록 당시에 준수 네가 모은 종자돈이 6천만 원 수준이었다 해도 그 정도의 종자돈을 모아본 경험이 있는 사람이라면 실제는 백만 불, 천만 불의 가치를 가지는 힘이 생기는 것이지."

"그렇구나."

최기봉의 말을 들으며 나준수는 자신도 수경에게 청혼할 당시 종자돈 통장을 꺼내며 비슷한 생각을 했다는 기억을 떠올렸다. 그 종자돈 덕분에 수경의 신뢰도 얻을 수 있었고, 남들보다는 한층 수월하게 신혼생활을 할 수 있었으니 말이다.

종자돈 만들기,
노력하는 것이 아니라 즐기는 것이다

    그날 밤은 최기봉의 원룸에서 잠을 잤다. 아침에 최기봉과 함께 해장국을 한 그릇씩 비우고 나준수는 서울로 올라왔다. 나준수는 생각했다. 최기봉이 부동산에 투자할 목적으로 5~6년간 종자돈을 모은 것은 결코 아니었다. 최기봉에게는 5~6년 후의 부동산 시장을 내다볼 그런 신통력은 없었다. 아니 최기봉이 아닌 어느 누가 몇 년 후의 부동산시장 변화를 예상하고 미리 투자재원을 마련할 수 있겠는가! 특히 요즘 같은 세상에서 그러기에는 너무나 많은 변수가 존재한다. 따라서 신이 아닌 이상 5년, 10년 후 부동산시장이 활황이 될지 정확하게 예측할 수는 없다. 나준수는 잘 알고 있다. 최기봉이 매달 자신의 월급을 털어 종자돈을 모은 것은 어찌 보면 그의 취미이며, 습관이며 기쁨 중의 하나였을 뿐이다. '그래 기봉이는 자신이 좋아서 종자돈 모으기를 했을 뿐이야. 하지만, 그 방법이 결과적으로 자신을 위한 큰 지렛대가 되어 주었던 것이지.' 나준수는 이렇게 생각했다.

최근 들어 사람들이 살기가 어렵다 보니 너도나도 돈을 좇아 이리저리 방황을 하고 있다. 세태가 그러하다 보니 주위에는 이를 부추기는 것들이 너무나 많은 것 같다. ARS 서비스로 유망종목을 찍어 준다는 광고에서부터 금융다단계로 엄청난 돈을 벌 수 있다는 밑도 끝도 없는 이야기까지 그 작태는 실로 다양하다.

그뿐만이 아니다. 누구는 코스닥에 투자해서 재벌이 되었다는 등, 부동산 투자로 몇십억을 벌었다는 등, 심지어 언론이나 잡지에서도 '10억 만들기' 열풍을 조장하고 있다. 모두 연못 위에 화려하게 핀 연꽃의 자태만을 칭송하고 있지 정작 그 연꽃의 뿌리가 진흙탕 연못 속에서 어떻게 뿌리내리고 있는가에 대해선 말하지 않는다. 모두 나비의 화려한 자태만 부러워할 뿐, 그 나비가 아주 오랜 시간 동안 볼품없는 애벌레 상태였다는 것에 대해서는 관심을 두지 않는다. 그래서 혹자는 말한다. 한 송이의 연꽃을 피우기 위해 진흙탕 연못 속에서 연뿌리가 얼마나 오랫동안 인고의 세월을 견디어 왔는지, 아울러 화려한 날갯짓의 나비가 되기 위해 볼품없는 애벌레 상태로 얼마나 오랜 시간 동안 노력해 왔는가를 알고 배워야 한다고 말한다.

하지만, 최기봉을 바라보는 나준수의 생각은 달랐다. 그런 노력과 인고를 강조하기 때문에 사람들은 더욱더 불안하다는 것이다. 눈에 보이는 남들의 화려한 성공신화도 부럽지만, 자신은 아무리 흉내 내려고 해도 엄두가 나지 않는 그 노력과 인고가 더욱더 두려운 것이다.

'지금 가진 것은 천만 원뿐인데 언제 참고 견뎌서 저 사람처럼 10억을 모으지.'라며 불안해한다. 너무 큰 괴리감으로 무릎을 꿇어 버리게 된다.

물론, 인고를 받아들이려는 사람들도 있긴 하다. '그래 나도 반드시 10억을 모을 거야. 그러기 위해선 10원도 아끼고 매일 주식과 채권 공부도 하고, 요즘엔 파생상품도 알아야 한다고 하더라구. 아냐, 돈을 벌려면 무엇보다 부동산이지. 아파트, 오피스텔, 경매까지 이것저것 다 공부해야지. 어휴~ 힘들어. 하지만, 10억을 목표로 열심히 하는 거야. 인고의 세월을 겪어야 성공할 수 있잖아.' 그들은 이렇게 생각한다. 하지만, 너무 참고 노력하다 보면 쉽게 지쳐서 자포자기 상태로 빠질 가능성이 크다.

나준수가 바라본 최기봉의 모습은 달랐다. 진흙탕 연못 속의 연뿌리도 볼품없는 애벌레도 자신이 아름다운 연꽃을 피우기 위해 또는 화려한 나비가 되기 위해 참고 인내하면서 세월을 보낸 것이 아니다. 그냥 연뿌리는 자신이 좋아서 진흙탕 연못 속으로 파고 들어가 자양분을 빨아 들인 것이다. 애벌레 또한 자신이 좋아서 맛있는 나뭇잎을 갉아먹고 또 갉아먹은 것뿐이다. 그냥 자신이 좋아서 즐거워서 한 일이다. 다만, 그 방향성이 옳았다. 때가 무르익자 연뿌리는 아름다운 연꽃을 피웠고, 애벌레는 화려한 나비가 된 것이다. 그들은 결코 성공하기 위해 노력했다기보다는 자신의 맡은 바를 즐기며 열심히 했고 자연스레 성공의 기회가 찾아 왔기에 이를 잡을 수 있었다. 열심히 해온 내공으로 말이다. 자신이 좋아하는 일들이 결국은 자신에게 이로움을 주는 쪽으로 흘러간 것이다.

'자신에게 이로움을 주는 일을 선택하여 즐긴 것이 최기봉을 성공으로 이끈 게 아닐까?' 나준수는 이런 생각을 했다.

만약, 최기봉이 2006년에 종자돈을 그만큼 모았다면 부동산에 뛰어들지 않았을 수도 있다. 이미 너무 많이 올랐기 때문에 쉽사리 그런 결정을 하지 못했을 것이다. 그는 결코 부화뇌동하거나 요행수를 바라는 그런 캐릭터가 아니기 때문이다.

"사람들이 우르르 몰릴 때에는 이미 먹을 게 없다는 뜻이지."

나준수는 언젠가 최기봉이 했던 말을 떠올렸다.

다시 만난, 종금사 시절의 사람들

그로부터 두어 달 후, 최기봉에게 전화가 왔다.

"나준수 팀장. 잘 지내나?"

"기봉이? 오랜만이다."

"나 서울 올라왔어. 지난달에 서울로 올라가는 게 확정이 돼서 바로 올라왔지. 그동안은 정신이 없어서 연락 못 했고. 그나저나 다음 주에 여자친구가 올라오기로 했는데. 우리 부모님 인사도 드릴 겸 휴가 내어 며칠 있기로 했거든. 그래서 말인데. 다음 주 금요일 즈음에 같이 한번 보자."

"좋지. 그럼 나만 나갈 게 아니라 오래간만에 예전 종금사 동료하고 다 같이 한번 보자. 다들 오랜만이니 너 핑계로 한번 뭉치는 게 좋을 거 같아."

"그거 좋지. 그럼 사람들에게 연락해봐."

최기봉은 흔쾌히 응했다.

금요일 저녁, 강남의 한 호프집에서 오랜만에 예전 동료가 모였다. 과거 심사부의 정재영 대리, 기업금융부의 박상원 주임, 나준수. 그리고 얼마 지나지 않아 최기봉과 여자친구 이영숙 씨가 나타났다. 최기봉의 말처럼 단아하고 현명해 보이는 여자였다.

다들 반가운 얼굴이라 이내 분위기는 화기애애해졌다. 물론, 단연 화제는 최기봉의 러브스토리였다. 흔히들 그러하듯이 왜 최기봉 같은 미련 곰탱이를 좋아하게 됐는지, 첫 키스는 어디서 했는지 등의 짓궂은 질문도 오고 갔다.

"어, 이 아저씨는 아직도 안 오네."

갑자기 박상원이 시계를 쳐다보며 말을 했다.

"누구?"

정재영이 물었다.

"마대식 대리님요. 오늘 나온다고 하긴 했는데."

박상원이 말했다.

"마대리는 좀 껄끄러워서 안 올 수도 있겠지."

정재영이 이렇게 말했다. 과거 최기봉과 마대식 대리의 관계가 원만하지 않았다는 것은 대부분의 동료 직원들이 알고 있는 사실이었다.

"저는 뭐 괜찮은데요. 그때는 업무 스타일이 달라서 좀 그랬지. 지금은 다 옛날이야기 아닙니까? 저는 마대리님 한번 보고 싶은데."

최기봉이 멋쩍은 표정을 지으며 말했다.

"사실, 내가 아까 출발하면서 혹시나 하고 마대리님에게 전화를 했는데 오늘 바쁜 일이 생겨서 11시가 넘어야 시간 될 것 같다더군."

나준수가 말했다.

"그나저나 박상원 주임님! 요즘 마대식 대리님은 어떻게 지낸데요? 두 분은 과거 종금사 시절에 같은 부서에서 근무를 했으니 서로 연락을 하고 지낼 것 같은데요."

최기봉이 박상원에게 물었다.

"응, '모두투자증권'에서 법인 상대로 수익증권 판매업무를 하고 있어."

"아 참! 마대식 대리님은 예전에 코스닥에 있던 무슨 회사에 투자해서 엄청나게 돈도 많이 버셨잖아요. 그래서 우리한테도 한턱내고 그랬던 것으로 기억하는데요. 요즘도 음주가무 즐기는 건 여전하신가요?"

나준수가 과거에 실버뱅크에 투자해서 몇억을 벌었다고 떠들썩하게 술자리를 가졌던 기억을 떠올리며 이렇게 물었다.

"아, 그거. 실버뱅크 말이지. 그때 평가이익이야 엄청나게 났었지. 하지만, 한창 주가가 좋을 때 팔았어야 하는데 좀 더 오를 거라며 계속 쥐고 있다가 원금도 제대로 못 건지고 날려버렸다지, 아마."

박상원이 대답했다.

"그래요?"

"말도 마. 2000년 중반 들어서 닷컴붕괴로 주가가 폭락을 했잖아. 그때 실버뱅크도 액면가의 10분의 1 수준으로까지 주가가 빠졌지 뭐야. 그래서 큰 손해를 봤다고 하더군. 게다가 주가가 떨어질 때마다 물타기까지 해서 1억 원은 족히 날린 것으로 알고 있어."

박상원이 말했다.

나준수는 과거 술자리에서 자신 있게 말하던 마대식 대리의 모습이 떠올랐다. 자기 돈으로만 투자하는 것은 멍청하다며 기회가 왔을 때는 남의 돈을 끌어다 과감하게 투자를 해야 대박을 잡을 수 있다며 이른바 '레버리지 투자'를 찬양하던 마대식 대리의 말에 왠지 모를 불안감을 느꼈던 기억이 떠올랐다.

"사실 요즘 마대식 대리가 예전의 마대식이 아냐. 재정적으로 많이 어려운가 보더라구. 그래서 사람들에게 한 턱씩 내는 그런 모습 본 지 오래야. 솔직히 음주가무도 예전처럼 자주 하지도 않은 것 같고…. 오늘도 오랜만에 종금사 시절 동료 만나니까 내가 꼭 나오라고 그랬는데도 많이 망설이는 것 같더라구. 예전 같으면 자기가 오히려 모임을 주도했을 건데 말이야."

박상원이 다소 안쓰러운 듯한 표정으로 말했다.

"그나저나 결혼식 날짜는 언제로 잡았어?"

다소 심각한 이야기의 화제를 돌리려는 듯 정재영이 최기봉에게 이렇게 물었다.

"아. 예, 다음 주에 상견례하고 곧 날 잡을 거예요. 그때 꼭 참석하셔야 합니다."

"하하하. 당연하지."

금융과 투자는
무대포로 밀어붙여선 안 된다

웃고 떠드는 사이에 10시가 훌쩍 넘었다. 최기봉은 여자친구와 함께 먼저 들어갔고 남자들만 남았다.

"우리 오래간만에 만났는데, 어디서 한잔 더하고 가시죠?"

박상원이 말했다.

"당근이지."

나준수를 비롯한 사람들은 인근의 자그마한 바(bar)로 갔다. 국산 양주 한 병을 시켰다. 사람들은 오랜만에 과거의 일들을 떠올리며 회포를 풀었다. 원래 군대 있을 때는 그렇게 힘들고 지루한 시간일지라도 제대 후에는 그때의 고생한 추억마저 마냥 즐거운 안줏거리가 된다. 이렇듯 힘든 시절도 지나가면 모든 게 추억으로 남게 되는 게 인지상정인가 보다.

"증권신탁부의 노차장님은 튼튼자산운용 펀드매니저로 옮기셨는데 요즘 잘나간다고 하더라고. 그때도 깐깐했지만 빈틈없는 분이셨잖아."

"그렇지. 난 얼마 전 여의도에서 우연히 국제금융부의 서차장님을 만났지. 그 왜 종금사 합병 후 얼마 지나지 않아 캐나다로 이민을 갔잖아. 한국에 볼일이 있어 잠시 들어왔다고 하던데. 뭐…, 지금 거기서 조그마한 잡화점을 하는 데 그럭저럭 먹고산다고 하더군. 무엇보다 마음이 편하다며…, 행복해 보이더라구."

"그래 다들 잘 지내고 있나 보군."

"아 참, 기업금융부의 불독이사님은 요즘 뭐하신데요?"

이번에는 나준수가 박상원에게 물었다.

"불독이사님, 합병 당하자마자 바로 잘렸잖아요. 그러고는 벤처기업 CFO(재무담당 이사)로 갔거든요. 그런데 자금유치도 몇 번 실패하고 게다가 벤처기업도 방만하게 운영되어 1년 못 가서 파산했데요. 제가 얼마 전에 종로구청 앞 선술집에서 우연히 봤거든요. 요즘은 그냥 놀고 있대요. 옛날 그 기세가 다 꺾였더라고요. 늙기도 많이 늙으셨고…."

박상원이 말을 마친 후 양주를 한 모금 홀짝거렸다.

"사실, 예전에 불독이사가 아기자동차 대출 건을 대마불사가 어쩌니, 자기가 책임진다느니 하면서 밀어붙였잖아. 책임은 무슨 책임을 져. 몇천억 원을 자기가 책임질 수 있어? 우리 회사가 망한 게 다 그렇게 무대포*로 지른 것 때문이야. 모름지기 금융이란 게 시장과 정면으로 싸워서 이기려 드는 게 능사가 아니잖아. 오히려 시장의 파고에 편승해서 가늘고 길게 가야 하는 산업이지. 그런 식으로 밀어붙이는 건 개척정신이 필요한 제조업에나 어울리는 거지. 금융에서 무엇보다 중요한 것은 리스크 관리라고 생각해. 아무리 큰돈을 벌 수 있을 것 같아도 그에 따르는 리스크부터 따져봐야 하는 거지. 리스크를 파악하고 내가 감당할 수 있는 리스크다 싶으면 투자를 해야겠지만, 감당할 수 없는데 투자를 하는 것은 요행수를 바라는 것이지. 그게 무슨 금융이야? 그런 점에서 우리 회사는 너무 안이하게 영업을 해 왔던 거야. 그러니 결과가 그렇게 된 거지."

무대포(無鐵砲)*란?

'철포(鐵砲)를 가지고 있지 않다.'라는 뜻의 일본어이다. 철포란 다름 아닌 조총으로서 그 일본식 발음은 '뎃뽀(TepPou, てっぽう)'라고 한다. 전국시대 말기 유럽으로부터 이 철포가 전래된 이후로 일본군대의 전쟁방식에 가히 혁명적인 변화가 일어났다. 이제는 철포를 가지고 있느냐 없느냐에 따라 전쟁의 승패가 갈라졌기 때

문이다. 다시 말해 철포를 가지고 있지 않은 상태에서 철포로 무장한 군대와 싸운다는 것은 전혀 승산이 없는 무모한 싸움이 된 것이다. 여기서 유래된 말로 '무뎃뽀'는 아무 승산이 없는 일에 무모하게 도전한다는 의미로 일본에서 사용되고 있으며 이것이 우리나라에 전해져 '무대포'라는 말로 정착이 되었다.

대출이나 투자에 있어서도 리스크 관리라는 무기로 무장하지 않은 채 겁없이 뛰어드는 모습은 마치 철포로 무장하지 않고 싸움에임하는 어리석음과 다를 바 없을 것이다.

심사부 출신이었던 정재영이 다소 흥분해서 이렇게 말했다. 순간나준수는 예전에 최기봉이 '리스크 관리'에 대해 이야기하던 것이떠올랐다.

"그게 어디 우리 회사만의 문제였습니까? 당시 대한민국 금융기관이 대부분 그랬죠. 아니 그 이후에도 무대포식 영업확장의 과오는 계속 되었죠. 외환위기 때 그렇게 당해 놓고도 또 '대박신용카드'의 부도사태가 일어난 것만 봐도 그렇지 않습니까?"

대박신용카드사의 경쟁사인 알뜰신용카드사로 직장을 옮긴 박상원이 이야기를 거들었다.

"두 분 말씀이 모두 일리가 있어요. 게다가 감당할 수 없는 리스크임에도 불구하고 투자하는 것도 문제지만, 아예 리스크가 뭔지도 모르고 불나방처럼 덤벼드는 것이 더 큰 문제죠. 솔직히 그런 것은 인베스트(invest)가 아니라 갬블(gamble)이죠. 제가 창투사에 있지 않습니까? 아무리 초기기업에 투자해 '하이 리스크, 하이 리턴'을 추구한다고 하지만, 여기서도 요행수나 도박을 바라며 투자해서는 안 되거든요. 나름대로 심사기준과 리스크 분석절차가 있거든요. 그걸 등한시했던 창투사들이 대부분 망했었죠."

나준수가 고개를 끄덕이며 맞장구를 쳤다.

"그래서 금융이나 투자를 하는 사람들은 항상 리스크 관리를 명심해야 하는 거야."

정재영이 다시 한 번 리스크 관리에 대해 강조를 했다. 이때 박상원에게 전화 한 통이 왔다. 마대식이었다.

"지금 오신다구요? 그럼 이쪽으로 오세요."

마대식의 넋두리

마대식이 들어왔다. 증권사 법인영업부에서 금융상품 판매업무를 하고 있다고 했다. 오늘은 거래처 사람들과 술 약속이 있어서 늦었다고 한다. 이미 꽤나 마신 듯 취해 있었다.

"그래? 다들 살아 있었네. 반가워, 반가워. 허허허."

여전히 그는 큰 목소리로 호탕하게 웃었다. 하지만, 그 웃음 속에는 알 수 없는 비애가 숨겨져 있는 것 같았다.

"마대리님도 변한 게 하나도 없네요."

다들 그를 반갑게 맞이했다.

"그래, 최기봉 주임은 벌써 집에 간 거야?"

"예, 10시까지 있다가 여자친구와 함께 갔어요. 그리고 이젠 주임이 아니라 이사랍니다. 비록 중소기업 이사지만…, 허허."

나준수가 이렇게 말했다.

"그래? 벌써 이사가 되었구먼. 축하할 일이네. 게다가 여자친구 있는데 늦게까지 술 마시면 안 되지. 암, 안 되고말고. 결혼식 때 얼굴이나 한번 봐야겠네. 결혼식이 언제래?"

마대식의 반응에 나준수는 의외라고 생각했다. 과거 같으면 좀생이라서 먼저 갔다며 핀잔을 줬을 건데 말이다.

"기봉이도 대리님을 한번 보고 싶어하더라구요."

"그래, 박상원 말을 들어보니 그 친구 모아놓은 돈도 꽤 된다고 하던데, 그럼 결혼자금 걱정은 없겠어."

마대식은 정재영이 따라 주는 양주를 받으며 이렇게 말했다.

"예, 저도 얼마 전 나준수 팀장이랑 통화하면서 최기봉 그 친구 이야기를 들었죠."

박상원이 마대식과 양주잔을 부딪치면서 말했다.

"제가 두어 달 전에 포항에 일이 있어 내려갔다가 최기봉을 만났거든요. 이 친구 대단하더라구요. 글쎄, 정기예금에 중국펀드에 금융자산도 꽤 되는 것 같고요. 무엇보다도 2000년에 포항 내려가기 전에 잠실주공 아파트를 샀다지 뭐예요. 대출도 안 받고 게다가 부모님 도움도 없이 순전히 자신이 받은 월급 모아서 그걸 샀다지 뭐예요? 요즘 재건축이라 엄청나게 오르고 있다던데."

나준수는 이렇게 말하고 나서 아차 싶었다. 과거 종금시절 최기봉의 저축행각(?)을 누구보다 못마땅하게 생각하던 마대식 대리 아니던가! 막상 말을 해놓고 마대식의 얼굴을 살폈다. 하지만, 이 말을 듣고 있던 마대식의 반응은 의외였다. 천천히 담배 한 개비를 입에 물고 불을 붙여 길게 한 모금 빨더니 이내 자신의 앞에 놓여 있는 양주잔을 한꺼번에 들이킬 뿐 아무런 반응이 없었다.

"그래도, 최기봉 그 녀석 멋대가리는 없었지. 짠돌이라 술 한번 거하게 사는 일도 없었고 말이야. 하하하."

분위기가 좀 그래서인지 정재영이 재빨리 마대식의 빈 잔에 다시 양주를 따르면서 말했다.

"어디 술 사는 것뿐이겠습니까? 아예 'N 분의 1'하는 것도 피했잖아요."

박상원도 정재영의 말을 거들었다.

"그래도 내가 지금 생각해보면, 인생의 절반에서 최기봉 그 친구가 판정승을 거둔 것 같아. 본인은 가만히 있는데, 제 스스로 돌아가면서 돈을 벌어다 주는 자산(資産)을 이미 만들어 놓았으니 말이야. 그런 점에서 나머지 인생에서도 그 녀석이 더 경쟁력이 있겠지."

한동안 묵묵히 있던 마대식이 이미 취기로 약간은 혀가 꼬부라진 발음으로 이렇게 말했다. 어설프게 분위기를 무마하려던 나머지 사람들이 의아한 얼굴로 마대식을 쳐다보았다.

"사실, 지금 생각해보면 우리가 그때 너무 방만하게 살았던 것 같아. 돈 많이 주는 직장이랍시고, 젊은 혈기에 너무 흥청망청했었어. 내가 그때 카드 빚만 2천만 원이었고, 코스닥에 투자한답시고 대출받은 돈, 다 날려 먹었지. 게다가 우리 종금사 합병 당하면서 우리 사주구입 대출금 상환에다, 회사 직원복지기금 상환에다 갚아야 할 게 한두 가지가 아니었잖아. 난 그걸 풀(full)로 다 당겨 썼었거든. 여러분도 알다시피 나도 3개월 정도 있다가 퇴사를 했잖아.

물론, 자의 반 타의 반이었지만, 아무튼 회사를 나가려고 하니까 당장 갚아야 할 돈이 1억 원이 넘더라구. 그거 메우느라 우리 아버지가 엄청나게 고생하셨지. 우리 형은 그 사실 알고 나하고 대판 싸웠고. 그때 일로 형과는 지금도 서먹하게 지내고 있어.

그 당시에 내 술 얻어먹은 친구들에게 찾아가 돈 좀 빌려 달라고 했지만 대부분이 거절하더라구. 하기야 나라가 IMF로 절단이 났는데 누군들 그 당시 여유 자금이 있었겠어. 그 후 두어 달 백수생활을 하는 데 참 비참하더라구. 잘나갈 땐 전화 한 통화만 하면 달려오던 친구들이 한두 번은 받아주다가 그 다음부터는 말투가 완전히 달라지는 거야. 물론, 다들 살아남기 위해 바쁜데 백수 넋두리를 받아줄 마음의 여유가 없었겠지만…."

마대식은 잠시 말을 멈추고 정재영이 따라 준 술잔을 또 한 번 들이켰다. 평소에 배포 좋고 큰소리 빵빵 치던 그와는 달리 상당히 위축되고 맥없는 어조로 말을 이어갔다.

"당시에 내가 만나는 여자가 있었잖니. 면목이 없더라고. 물론, 몇 개월 후 증권사에 계약직으로 취직하게 되었고 그래서 서둘러 결혼을 하게 되었지. 참. 결혼하는 데도 정말 힘들었어. 뭐, 수중에 모아놓은 돈도 없고, 회사를 나오면서 상환해야 할 돈도 부모님이 갚아주셨는데 또 손을 내밀기도 미안하고…. 그러다 보니 결혼자금이 있을 리가 없잖아. 형하고는 싸워서 찾아가기가 그랬고, 할 수 없이 누나에게 일부 돈을 빌리고 모자라는 돈은 마이너스 통장을 만들어서 메웠지. 신혼집도 전세 구하는 데 얼마나 힘들었는지 몰라. 아무튼, 참 내가 그동안 직장 다니면서 뭘 했나 싶어 비참하기까지 하더라구. 솔직히 그때 최기봉처럼은 아니더라도 매달 50만 원씩 적금이라도 들어놨으면 이러지는 않을 텐데 하는 생각이 간절하게 들었어. 요즘도 애가 둘인데 그 밑에 돈 들어가는 걸 보고 있노라면 갑갑할 따름이야."

마대식은 이렇게 말하며 담배 한 모금을 깊게 빨아들였다.

이러한 마대식의 태도에 제일 놀란 것은 다름 아닌 나준수이었다. 그렇게 자신만만하던 종금사 시절 마대식 대리는 간 곳이 없고 그에게서 그동안 그렇게나 험담을 하고 싫어하던 최기봉이 부럽다는 말까지 들었으니 말이다.

'마대식 대리의 말처럼 인생의 절반에서 기봉이가 판정승을 했구나. 게다가 기봉이가 가지고 있는 자산을 볼 때 남은 인생의 절반에서도 기봉이가 승리할 가능성은 훨씬 더 커보이는 것 같군. 그 친구는 이제 안정적인 규모의 종자돈으로 미래의 현금을 계속 창출해 줄 수 있는 자산을 사는 일에 더욱더 열중할 게 아닌가!' 술에 취한 마대식이 주저리주저리 신세 한탄을 하는 동안에도 나준수는 계속해서 이런 생각을 했다. 최기봉과 그가 구축해 놓은 '스스로 돌아가면서 미래의 현금을 창출해 주는 자산'에 대해서 말이다.

드디어, 최기봉 결혼하다

최기봉의 결혼식이다. 서른여섯의 늦깎이 신랑이지만 얼굴만큼은 기쁨으로 충만해 있었다. 10월의 하늘은 푸르고 높았다. 하객들이 몰려 있는 사이로 나준수의 모습이 보였다. 마치 자신의 결혼식인 양 상당히 상기되고 기쁜 얼굴이었다.

"드디어 너도 총각 딱지를 떼는구나. 좀 전에 신부 대기실에서 영숙씨를 얼핏 보니 오늘따라 더 예쁘더라고. 정말 축하한다. 앞으로 행복 끝, 고생 시작이다. 하하하. 그래도 너는 잘살 거야."

"그래 고마워. 결혼식 끝나고 집들이 때 제대로 얼굴 보자. 오늘 정말 정신없고 얼떨떨하네."

나준수는 최기봉에게 축하 인사를 하고 돌아서서 혹시 아는 사람

이 없나 하고 주위를 두리번거렸다. 저쪽에 박상원과 정재영, 그리고 마대식이 서 있었다. 나준수는 반가운 듯 가볍게 손을 흔들며 그쪽으로 다가갔다.

"아니, 마대리님도 오셨어요?"

나준수가 인사 반, 질문 반의 어조로 이렇게 말했다.

"허허, 내가 뭐 못 올 데를 왔나?"

"아니 그게 아니고 마대리님은…"

"그래 무슨 소리 하려는 지 알아. 예전에 최기봉과는 사이도 좋지 않았고, 일전에 모임 때도 자리를 피했으니 그럴 만도 하지. 왜? 이제부터 최기봉과 친하게 지내보려고 이렇게 왔어. 뭐 불만 있어? 허허허."

마대식은 다소 멋쩍은 듯한 표정으로 농담처럼 이렇게 말했다.

"마대리님도 참. 불만이라뇨? 하하하. 아무튼, 다들 과거 직장동료인데 친하게 지내면 좋죠."

나준수가 웃음을 띠며 말했다.

"나도 이제부터라도 최기봉의 재테크를 한번 배워보려고 말이야. 일단, 빚부터 좀 줄여보고 종자돈 모으는 노하우도 배워 보려고. 뭐든지 기초체력이 중요하잖아. 부자의 첫걸음이 종자돈 모으기이고 그게 '성공의 절반'이라는 걸, 왜 인제 와서야 알게 되었는지 모르겠어. 허허허."

마대식은 밝지만 그래도 다소 아쉬운 듯한 표정으로 말했다.

"이제 마대리가 철이 들었나 보군."

옆에서 듣고 있던 정재영이 마대식의 어깨를 가볍게 치며 말했다.

"그래. 경제적으로 독립을 이룬다는 게 정말 중요하다는 걸 비록 늦게 깨닫게 되었지만, 이제부터라도 열심히 시작해 보려고. '시작이 반'이란 말도 있잖아… 허허허."

"그렇죠. 종자돈을 만드는 것은 '성공의 절반'이고 이것을 시작하는 것은 '시작이 반'이니 마대리님은 모든 걸 이루신 거나 진배없네요. 하하하."

나준수가 재치 있게 말했다.

"어? 이야기가 그렇게 되나? 그래, 그래 모든 것을 이룬 거나 다름없네. 하하하."

나준수 일행들이 이야기를 나누는 사이 '신랑입장'이라는 사회자의 안내 방송이 나왔다. 잘 차려입은 신랑 최기봉이 성큼성큼 걸어서 식장으로 입장했다. 그의 얼굴에도 이를 지켜보는 일행들의 얼굴에도 새로운 각오와 희망의 미소가 가득 차있었다.

4부
다시 시작하는 자들에게 **희망을**

항상 반 발짝씩 빠른 최기봉

"기봉아, 잘 지내고 있니? 이번 주말 시간 되면 가까운 청계산이라도 좋으니 등산이나 갈까?"

"준수구나. 오랜만이야. 그런데 뜬금없이 등산은 무슨 등산?"

"응, 간만에 맑은 공기 마시며 운동도 하고, 그리고 너에게 할 이야기도 있고."

"그래, 등산 좋지."

나준수의 연락에 최기봉은 반갑게 화답했다.

"그럼 이번 토요일에 청계산에서 보자. 몇 시가 좋을까?"

"오후에는 가족끼리 어딜 가기로 했으니 아침 일찍 보자. 오전 7시 어때? 가볍게 등산하고 산 밑에서 아침식사 하면 딱 맞겠네."

"그래, 좀 이른 감은 있지만 그러자. 예전에 우리 조기 축구할 때도 아침 일찍 일어났었지."

"맞아. 종금사 시절, 일요일 오전이면 새벽같이 일어나 조기 축구회 나갔었지. 그럼 간만에 그 기분이나 내보자. 허허허."

2009년 늦여름. 최기봉이 결혼한 지도 이제 6년이 지났다. 최기봉이 결혼한 후에는 서울에서 신혼살림을 꾸렸기 때문에 나준수와 부부동반으로 식사도 자주 하고 연말 송년 모임도 조촐하게 하곤 했다. 하지만, 세상사가 다 그렇듯 서로 생활에 바쁘다 보니 지척에 있음에도 만남의 횟수는 점차 줄어들었다. 하지만, 둘은 기쁜 일이 있을 때나 무슨 고민거리가 있을 때면 뜬금없이 전화해서 축하도 받고 조언을 얻기도 했다.

"어이, 여기야!"

청계산 공용 주차장에 서 있는 최기봉을 보고 나준수가 손을 흔들었다. 여름의 이른 아침 공기가 싱그러웠다.

"그래, 오랜만이네."

최기봉은 환한 미소를 띠며 나준수 쪽으로 다가갔다.

"뭐가 그리 바쁘다고 이렇게 얼굴 보기 힘드냐? 나 작년에 잠실

아파트 입주하면서 집들이했을 때 이후로 처음이다야."

최기봉은 나준수와 악수를 나누며 이렇게 말했다.

"허허, 요즘 일이 좀 많아야지."

"아니, 올 초에 이사로 승진했다는 녀석이 무슨 일이 그리 많단 말이야. 이제 웬만한 건 밑에 애들 시키면 되잖아."

"네가 우리 창투사 업계를 잘 몰라서 하는 소린가 본데. 여긴 40대 초반 되면 죄다 이사 되거든. 아무래도 벤처기업 사장님들을 상대해야 하니 대부분 경력직을 뽑는데다 입사해서 조금만 지나면 팀장이고 나 정도 되면 그냥 이사 직함 다는 거야. 하지만, 밑에 애들은 없어. 아직도 투자업체 실사를 가거나 투자검토 보고서를 내가 직접 쓰고 있는데 뭘. 이제 이 나이에 페이퍼워크(paper work)하려니 힘이 달린다, 달려."

나준수가 엄살 반 푸념 반으로 이렇게 이야기했다.

"하기야. 그렇지. 요즘 직급이 무슨 상관이냐? 대기업에서도 부장들이 직접 문서를 작성한다고 하던데 뭘. 우리 예전에 제로종금사 있을 때는 대리 정도까지 문서 작업했고 뒷줄에 앉은 과장, 차장, 부장은 결재란에 도장만 찍었었는데 말이야."

"기봉아. 그때는 IMF 구제금융 이전의 세상이잖아. 고려시대, 조선시대 이렇게 시대가 다르듯이 IMF 이전시대, 이후시대 완전히 다른 세상인 거야."

"그래, 준수 네 말이 맞다. 요즘은 관리직급이랍시고 결재만 하려 했다간 바로 잘릴걸."

"예전 종금사 시절에 뒷줄에 앉아 도장만 찍던 관리직들 참 얄미 웠는데 그치?"

"그럼. IMF가 세상을 확 바꿔 놓았지. 그만큼 연공서열보다는 능 력을 중시하고 수직적 조직보다는 수평적 조직이 보편화 된 거지 뭐. 효율적으로 변했다고나 할까?"

"그래 효율적. 좋은 말이지. 하지만, 개인 입장에서는 참 피곤한 것이기도 하고 말이야. 허허허."

"그래 맞는 말이야."

나준수와 최기봉은 청계산 옥녀봉으로 향했다. 옥녀봉은 빠른 걸 음으로 올라가면 1시간 정도 걸리는 청계산에서 가장 완만한 등산 코스이다. 하지만, 둘은 오랜만에 하는 등산이라 그런지 거친 숨을 몰아 쉬며 가까스로 옥녀봉 정상에 다다랐다.

"어휴, 이제 나이가 들어서인지 이 가까운 거리도 만만치 않네."

나준수가 가쁜 숨을 몰아 쉬며 이야기했다.

"허허허. 녀석 올라오는 동안 말 한마디 없더니 힘들어서 그랬구 나. 사실 나도 마찬가지야. 오랜만에 등산하려니 쉽진 않네. 그래도 공기도 상쾌하고 땀 흘리니 좋긴 좋다."

최기봉이 이마에 흐른 땀을 가져온 수건으로 가볍게 닦으며 말했다.

"저기, 나무 벤치에 좀 앉자."

"그러자."

둘은 나무 벤치에 나란히 앉았다. 멀리 과천 경마장과 서울 양재동 일대의 건물들이 시원스럽게 눈에 들어왔다.

"이거 먹어라."

최기봉이 작은 배낭에서 오이를 하나 꺼내 둘로 쪼개더니 나준수에게 권했다.

"이야. 이 준비성. 그래 등산할 땐 오이가 최고지. 고마워."

나준수는 웃는 얼굴로 오이를 받아 들었다.

"허허. 고맙긴 뭘."

최기봉이 가볍게 웃으며 대답했다.

"그나저나, 기봉이 넌 요즘 어떻게 지내니? 많이 바쁘지는 않고?"

오이를 먹으며 잠시 땀을 식힌 나준수가 최기봉의 근황을 물었다.

"나도 바쁘기는 바쁘지. 하지만, 설립한 서울지사도 이제는 안정을 찾았고, 뭐 애는 잘 크고 있고. 집에서는 우리 마누라 시키는 데로 말 잘 듣고 살고 있지."

최기봉은 가져온 오이 하나를 더 꺼내 둘로 쪼개어 나준수에게 다시 권하면서 이렇게 말했다. 천성이 긍정적이기도 하지만, 최기봉의 모습에는 경제적 여유로움에서 오는 평온함이 느껴졌다.

"그래도 너 주식형 펀드에 돈 좀 많이 넣어두었다고 하지 않았니? 이번 글로벌 금융위기에 별 탈은 없었고?"

나준수는 약간 걱정스러운 어투로 이렇게 물었다. 그랬다. 종자돈을 한창 모으고 있던 과거 종금사 시절의 최기봉은 주식을 쳐다보지도 않았다. 하지만, 이제 상당 부분의 목돈이 모이게 되니 자산운용 차원에서도 일정부분 주식에 투자하고 있었던 그였다. 하지만, 여전히 최기봉은 주식에 직접 투자하지 않고 주식형 펀드를 통해 간접투자를 했던 것이다. 여기서도 그의 안전성 선호 성향을 여실히 읽을 수 있다.

"아! 그래 주식형 펀드 좀하고 있었지. 하지만, 2008년 상반기에 주가가 조정을 받다가 다시 반등할 때 대부분 처분을 하고 빠져나왔어."

최기봉은 오이를 먹으면서 별 대수롭지 않은 듯이 말했다.

"이야, 대단하다. 그 이후에 금융위기로 주가가 박살이 났는데 넌 어떻게 그 이전에 빠져나올 생각을 한 거니?"

나준수는 최기봉이 주가 폭락 전에 미리 빠져나올 수 있었던 이유가 궁금했다.

"응, 책 때문이야."

최기봉이 가볍게 대답했다.

"책 때문이라니?"

나준수는 더욱 궁금해졌다.

"원래 내가 평소에 경제나 금융에 대한 책을 취미처럼 읽기 좋아하잖아. 그런데 2007년 말인가? 버블이니 거품이니 하는 말들이 인터넷이나 방송에 많이 나왔잖아. 자연스레 그런 쪽으로 관심이 가더라고. 그래서 버블과 관련된 재미있는 책을 찾던 중《금융투기의 역사》라는 책을 발견했지. 에드워드 챈슬러라는 사람이 지은 책이거든. 그거 정말 재미있게 읽었었지."

"무슨 내용의 책인데?"

"응, 17세기 튤립 버블부터 90년대 말의 인터넷 버블까지 세계 금융사에서 계속해서 반복되는 버블의 발생과 붕괴에 대해 재미있게 써놓은 책이야. 특히 신기했던 건 튤립 버블부터 18세기 영국의 사우스 시(South Sea) 버블, 19세기 미국의 철도버블, 그리고 20세기 일본의 부동산 버블 할 거 없이 다 똑같은 패턴을 보였다는 거지.

"다 똑같은 패턴?"

"그래, 엄청난 저금리에다 자산가격은 계속해서 상승할 것이라는 근거 없는 믿음. 게다가 위험에 대한 경고가 분명히 있었음에도 이를 애써 축소하려는 정부나 전문가들의 태도. 뭐 이런 패턴이 모든 버블형성과 붕괴시기에 공통적으로 나타났던 현상이더라고. 참 신기했지. 금융역사를 조금만이라도 살펴보면 금방 알 수 있는 과오를 계속 반복하고 있으니 말이야. 그런데 내가 이 책을 읽었을 때가 바로 2007년 하반기, 미국 서브프라임 모기지 부실이 언론에 오르내릴 때였잖아."

"그렇지. 2007년만 해도 서브프라임 모기지는 미국 전체 모기지 시장에 10%도 채 안 된다고 하면서 걱정할 거 없다고 미국 정부가 떠들던 때였잖아."

나준수가 그 당시를 떠올리며 말했다.

"바로 그거야. 《금융투기의 역사》란 책에서 본 것과 비슷한 패턴이었거든. 처음 문제가 발생했을 때는 별로 걱정할 거 없다며 다들 대수롭지 않게 여겼던 거 말이야. 그래서 난 상당히 찜찜했어. '어라, 지금도 이전의 금융버블과 비슷한 양상을 보이네!'라는 생각이 들더군. 그때 이미 부동산 가격이 세계적으로 너무 많이 올랐다는 말이 있었고. 특히 미국에서 부동산관련 해서 부실이 생겼는데도 불구하고 미국 정부가 별것 아니다며 애써 부인하는 모습을 보며 이것도 버블붕괴의 전초전이다 싶더군."

최기봉은 흥에 겨워 말을 이었다. 평소 말수가 적다가도 자신이 흥미가 있거나 꼭 하고 싶은 이야기가 있을 때면 쉴새 없이 말을 하는 그가 아니던가!

"그래서 이것저것 인터넷을 통해 좀 더 많은 자료를 찾아봤지. 서브프라임 모기지를 보는 다양한 시각 말이야. 비록 신문지상에서는 별문제 없다는 식의 발표가 있었지만, 인터넷상의 미국 소장파 경제학자들의 의견은 판이하게 다르더군. 서브프라임 모기지 부실 자체만의 문제가 아니라, 이게 증권화되어 팔려나갔기 때문에 그 파급 효과가 어마어마할 것이란 의견이더라고."

"결국은 그렇게 되었잖아. 그 유명한 투자회사인 리먼브러더스까지 망하고 말이야. 우리 IMF 구제금융 시절 미국 금융투자회사들이 얼마나 잘난 척 많이 했니? 그런데 개네들이 망했으니깐 말이야."

나준수가 최기봉의 말에 공감하며 맞장구를 쳤다.

"그래, 그래서 불안한 마음에 주식형 펀드를 미리 환매해 버렸지. 위험을 감지했는데 알토란같이 모은 돈을 혹시나 하는 마음으로 놔둘 순 없는 것 아냐?"

이렇게 말하는 최기봉의 얼굴이 아침 햇살에 더욱 빛나는 것 같았다.

"너, 정말 대단하다. 그럼 작년 말의 주가지수 800대의 아픔은 맛보지 않았겠네?"

나준수는 놀랍다는 표정으로 최기봉에게 이렇게 물었다.

"허허. 아주 약간은 남겨 놓았으니 그건 손해를 봤지. 나라고 무너지는 시장에서 별수 있었겠니? 하지만, 큰돈은 이미 다 찾아놓았으니 별 탈은 없었지."

나준수는 순간, 역시 최기봉은 모든 재테크에 반 발짝 빠르다는 생각을 했다. 평소엔 저렇게 둔한 곰 같은 녀석이 어디서 그런 재주가 나오는지 놀랍기 그지없었다.

금융위기 때 채권으로 돈 벌다

"이제 슬슬 하산해볼까?"

약간의 휴식을 더 취한 후 최기봉이 말했다.

"그래, 슬슬 배도 고파 오고 산 밑에 가면 맛있는 해장국 집이 있는데 거기 가서 아침이나 하자."

"그거 좋지. 벌써부터 군침이 도는데."

둘은 산에서 내려가기 시작했다. 올라올 때는 못 보았던 울창한 나무와 푸른 잎들이 두 사람의 눈을 즐겁게 했다.

"그런데 재미있는 이야기, 하나 더 해줄까?"

산에서 내려오던 최기봉은 잠시 머뭇거리는 표정을 짓다가 이내 그다지 크지 않은 눈을 휘둥그레 뜨고 나준수에게 이렇게 말했다.

"이번엔 또 뭔데?"

나준수도 다시금 궁금해져서 물었다.

"준수, 네가 예전에 술자리서 몇 번 했던 이야기 있지?"

"내가? 무슨 이야기?"

"금리하고 채권가격이 반대방향으로 움직인다*는 이야기 말이야. 그래서 미래에셋 박현주 회장이 IMF 시절 살인적인 고금리 때 낮은 가격으로 채권을 대거 매입했다가 금리가 떨어지자 채권가격이 큰 폭으로 올라 대박이 터졌다는 이야기 말이야. 뭐, 인터넷인가 어디선가 봤다고…."

"아! 그래, 그래 한동안 내가 그 이야길 많이 했었지."

나준수는 이제야 생각이 나는 듯 이렇게 말했다.

"그게 이번에 큰 도움이 되었지."

최기봉이 다소 겸연쩍은 표정으로 말했다.

"도움이 되나니? 어떤?"

"응, 주식형 펀드에서 돈을 빼고 나서 '어디다 운영해 볼까?' 그런 생각을 하고 있던 차에 알고 지내던 은행의 후배 PB가 채권형 펀드를 권하더라고. 작년 늦가을 즈음이었지 아마? 그땐 이미 미국의 서브프라임 부실이 걷잡을 수 없이 전 세계를 강타했을 때거든. 유동성 부족에 신용위험까지 겹쳐서 채권금리가 좀 많이 올랐냐? 너 말대로 채권가격은 그야말로 바닥이었고 말이야. 그러니 채권형 펀드에 투자해보라던 후배의 권유가 타당하다 싶더군. '그래, 이런 위기 상황에선 정부가 유동성공급정책과 금리 인하정책을 펼 것이 분명하고, 그럼 금리는 다시금 떨어질 게 분명해. 그럼 이번에는 낮아진 채권가격이 다시 오르겠구나!' 하는 생각이 들었지. 그래서 채권형 펀드랑 소액채권에 투자했지. 아무래도 채권은 주식보다 안전성이 더 높으니 내 성격에도 맞는 것 같아 좀 큰 금액을 질렀었지. 역시 내가 좋아하는 친구인 준수, 네가 예전에 몇 번이나 했던 그 말이 이 상황에서 딱 도움이 된 거지."

최기봉의 말을 듣자 나준수는 뒤통수를 맞은 듯한 느낌이었다. 자신이 평소에 입으로만 떠들던 그 이야기를 최기봉은 듣고 있다가 기회가 왔을 때 실천을 한 것이 아닌가! 나준수는 언젠가 본 적이 있는 책의 제목이 떠올랐다. 《Be Smart, Act Fast, Get Rich》. 많이 배우고, 행동을 빨리해야, 부자가 된다는 정도로 해석이 가능하다. 요즘 사람들은 기본적인 경제나 금융지식을 쌓지도 않으면서 누가 좋다고 하면 우르르 몰리는 'Act Fast'만 하는 경향이 있어 재테크에 실패하는 경우가 허다하다. 하지만, 반대로 나준수는 'Be Smart'만 했을 뿐 전혀 실행하지 않았던 것이다.

그렇다. 채권가격이 금리와 반대방향으로 움직인다는 것은 나준수에게 있어서는 상식에 가까운 것이었고 이제 와서 생각해보니 최기봉에게 몇 번이나 이야기를 해주었던 게 사실이다. 그런데 정작 기회가 왔을 때 이를 실천한 것은 나준수가 아니라 최기봉이 아니던가!

"그…그래, 정말 넌 대단해. 그런 불황의 와중에서도 돈을 벌고 말이야…."

나준수는 자기 자신이 부끄러워 제대로 말을 잇지 못했다.

"허허. 뭘…, 채권이라 주식처럼 따따블도 아닌데… 그냥 짭짤한 수준이었지. 나중에 인터넷을 보니 채권투자자들이 '어둠의 자식'이라는 기사도 있더라고. 고금리로 남들은 고생할 때 투자를 해서 돈을 번다고 해서 붙여진 별명이라더군. 실제로 D 증권사의 경우 한국은행이 금리를 내렸던 2008년 10월부터 12월까지 채권가격이 올라서 그동안 투자했던 채권을 팔아 457억 원의 이익을 올렸다는 기사도 있었잖아. 그럼 나도 이번에 어둠의 자식이 된 건가…. 허허허."

사람들은 누구나 항상 관심을 두고 즐겨 하는 일에 전문가가 되게 마련이다. 그게 TV 드라마면 연예 전문가, 그게 프로야구 한국시리즈면 스포츠 전문가, 그게 스타일 꾸미기면 패션 전문가가 되는 것이다. 이렇듯 어떤 곳에 관심과 즐거움을 부여하느냐에 따라 그 종류는 달라진다. 그래서 최기봉은 비록 일반 회사원이지만 은행, 증권사, 보험사에 다니는 그 누구보다도 뛰어난 재테크 전문가가 되어 있는 것이라 나준수는 생각했다. 그것도 실전 재테크 전문가 말이다.

채권금리와 채권가격은 반대방향으로 움직인다*

채권의 표면금리와 시장금리

채권금리와 채권가격의 상관관계에 대해 설명하기 전에 우선 채권금리가 어떤 것인지에 대해 알아보자. 채권에는 두 가지 종류의 금리가 있다. 개별채권의 '표면금리(쿠폰금리)'와 전체채권의 '시장금리'가 그것이다. 예를 들어 홍길동은 액면금액이 100억 원이고 만기가 3년인 A 채권을 가지고 있다고 해보자. 그런데 이 채권은 3년간 매년 5억 원의 이자를 준다. 이 경우 A 채권의 표면금리는 5%(이자 5억÷원금 100억)이다. 반면 시시각각 변하는 전체 채권시장의 금리를 채권의 시장금리라고 한다. 채권은 일반적으로 고정금리이기 때문에 아무리 채권의 시장금리가 변해도 홍길동은 처음에 정해진 표면금리 5%의 이자만 받게 된다. 마치 대출(시장)금리는 올랐다 내렸다 하지만 고정금리 대출을 받은 사람은 계속해서 정해진 고정금리 이자만 지급하면 되듯이 말이다.

채권금리와 채권가격은 반대로 움직인다

여기서 말하는 채권금리란 시시각각 변하는 채권의 시장금리를 말한다. 상기 A 채권의 예를 다시 들어보자. 채권금리(시장금리)가 5%에서 2%로 떨어졌다고 해보자. 그럼에도, 홍길동은 5%(표면금리)의 채권이자를 받는다. 이 경우 모든 사람이 A 채권을 탐낼 것이다. 다른 곳에 100억을 투자하면 이자를 2%밖에 못 받지만, 홍길동의 100억짜리 A 채권을 매입하면 5%나 받을 수 있으니까 말이다. 그러다 보니 너도나도 홍길동을 찾아가 A 채권을 팔라고 매달릴 것이다. (채권수요의 증가) 그러자 홍길동은 이렇게 말한다. "그토록 내가 가진 A 채권이 갖고 싶은가? 그럼 100억이 아니라 110억을 달라 그럼 A 채권을 팔겠다." 그래도 사람들은 3%의 추가수익을 먹을 수 있으니 채권을 살 것이다. 결국, 채권금리가 5%에서 2%로 떨어지니 채권가격이 100억에서 110억으로 오르게 된다. 자연스럽게 채권금리와 채권가격이 반대로 움직이게 되는 것이다.

나준수의 고민,
'내 집 마련' 해야 하나? 말아야 하나?

"여기가 그 유명하다는 해장국 집이야."

산에서 다 내려온 두 사람은 나준수가 추천한 해장국 집으로 향했다. 시계를 보니 오전 9시 반이 조금 넘어있었다. 이른 아침부터 움직인 탓인지 나준수나 최기봉이나 모두 시장해있었다.

"여기 해장국 둘요!"

해장국 집에는 등산객들로 북적거렸다. 참 모두들 부지런히 사는 것 같았다.

"그래, 할 이야기는 뭐니?"

주문을 한 후 차가운 냉수를 한잔 마신 최기봉이 나준수에게 이렇게 물었다.

"응?"

나준수도 냉수를 마시다 최기봉의 갑작스런 질문에 짧게 응했다.

"너, 그날 할 이야기도 있고 해서 오늘 만나자고 한 거잖아."

최기봉이 말했다.

"기억력도 참 좋네. 그래 할 이야기가 있지. 사실은 말이야. 내가 집을 옮기려고 하는데 너에게 상담 한번 받아보려고. 너야말로 재테크 전문가잖니."

"전문가는 무슨. 중소기업에 다니는 평범한 월급쟁이가 무슨 재테크 전문가라고."

최기봉은 괜히 멋쩍은 웃음을 지으며 이렇게 말했다. 하지만, 나준수의 말에 싫지는 않은 표정이었다.

"여하튼 내 말 들어봐. 올해 우리 큰 딸애가 초등학교 들어갔잖니. 그리고 작은 애는 이제 곧 여섯 살이 되고. 지금 사는 봉천동 집은 20평형대라 이제 슬슬 불편해 질 것 같더라고. 애들 둘이 같은 딸애면 그나마 나은 데 작은 애는 사내 녀석이다 보니 나중에 좀 더 크면 큰 애가 불편해할 수도 있을 거 같고. 아무래도 여자애들이 더 빠르잖니. 그러다 보니 큰애 방도 하나 만들어 줘야 할 것 같고. 그래서 얼마 전부터 우리 집사람이 좀 더 넓은 평수로 이사 가자고 은근슬쩍 압력을 넣더라고. 솔직히 나도 여러모로 생각해보니 그게 틀린 말은 아닌 것 같고."

주문한 해장국이 나오자 나준수가 간을 보면서 계속 말을 이어
갔다.

"그래서 얼마 전 집사람과 같이 분당 쪽으로 집을 보러 갔어. 분
당은 환경도 좋고 나도 직장이 강남이니 그리 멀지도 않고. 무엇보
다 애들 키우기 좋을 것 같다며 우리 집사람이 마음에 들어 하더군.
거기서 32평형대 아파트를 보고 왔거든. 그래서 이걸 살까 말까 고
민 중인데. 이 중차대한 결정을 내리기 전에 기봉이 너에게 조언이
나 한번 받아보자 하고 이렇게 보자고 한 거야."

"그래? 그나저나 내가 무슨 조언할 만큼 전문가도 아닌데. 그런
건 전문 부동산 컨설턴트 그런 사람에게 물어봐야지."

"하지만, 기봉이 넌 실전 전문가잖아. 너라면 좋은 이야기를 해
줄 거라 믿어. 참! 그전에 이번에 아파트를 알아보는데 면적 표시가
참 헷갈리더라고. 평(坪)이 제곱미터(m²)로 바뀐 것은 알았는데, 한
평에 3.3m²이니까 계산대로 하면 32평은 105.6m²가 되어야 하잖
아. 그런데 32평이 85m²라고 하더라고. 왜 그런 거야?"

"아. 그거. 얼마 전에 바뀌었잖아. 원래 평으로 표기할 때는 주거
전용면적하고 주거공용면적을 합해서 계산해 왔었거든. 그런데 제
곱미터(m²)로 바뀌면서 주거전용면적으로만 표시하는 것으로 통일
시켰지."

최기봉은 마침 자신이 아는 것인지라 자신 있게 이야기를 했다.

"전용면적, 공용면적은 뭐지?"

"응. 일반적으로 거실, 주방, 침실, 욕실 등 순수한 아파트 내부면적을 주거전용면적이라고 하고, 계단이나 복도, 동(棟) 출입구 등 공동으로 사용하는 면적을 주거공용면적이라고 하거든. 예전에는 이둘을 다 합산해서 25평이니 32평이니 하며 이야기를 했는데, 제곱미터(m²) 방식으로 바뀌면서 특히 분양시장에서 전용면적만을 표기하는 곳도 생기고 공용면적까지 포함한 곳도 생기다 보니 사람들이 헷갈리게 되었지. 그래서 국토해양부에서 아예 전용면적만으로 아파트 면적을 표시하도록 통일을 시켰거든. 그러니까 이러한 방식으로 하면 과거의 25평이 60m²이고 32평이 85m², 그리고 40평이 101m²가 되는 거지."

"아. 그렇구나. 거봐 최기봉 넌 역시 전문가잖아. 그런 것도 이렇게 똑 떨어지게 설명해내고 말이야."

나준수는 그동안 헷갈렸던 부분이 해결되었는지 후련하다는 표정으로 이렇게 말했다.

"허허. 그냥 이쪽에 관심이 있다 보니 알게 된 거지 뭐. 그거 안다고 전문가면 웬만하면 다 전문가이게?"

최기봉은 여전히 멋쩍은지 이렇게 말했다.

"어쨌든 오늘 밥값은 내가 낼 테니, 내 고민거리나 좀 해결해 줘라. 집을 옮겨야 하니, 좀 더 기다려야 하니?"

"허허. 그럼 공짜니까 뭘 하나 더 시켜야겠군."

"그래? 그러자. 배도 고픈데 여기 빈대떡이라도 하나 더 시키자."

"그 좋지. 여기요. 빈대떡 하나 추가요."

최기봉은 빈대떡을 하나 주문시키고 말을 이어나갔다.

"준수, 네 말을 들어보니 애들도 커가고 있고 얼마 전 봤다는 분당 아파트를 수경 씨도 흡족해한다면 옮기는 것도 나쁠 것 같지는 않은데. 분당은 나도 몇 번 가봤는데 편의시설도 잘 되어 있고 해서 생활하기나 애들 키우기나 여러모로 좋은 거 같은데. 도대체 구체적으로 무엇을 고민하고 있다는 거야?"

이번엔 최기봉이 물었다.

"응, 분당이란 지역에 대해 고민하는 건 아냐. 다만, 지금이 평수를 넓혀서 옮기기에 적당한 때냐는 시기를 고민하는 거지. 2006년까지만 해도 부동산이 끝없이 오를 것 같았지만, 재작년, 작년 계속해서 주택가격이 추락했잖니? 그러다 올 초에 조금 반등을 했지만, 다시 소강상태고. 얼마 전 시중에 베스트셀러가 된 책을 보니 지금이 부동산 버블붕괴의 전초전이라는 이야기도 있고 또 다른 사람이야기를 들어보면 부동산 폭락은 말도 안 된다며 버블붕괴를 정면으로 반박하고 있기도 하고. 그러나 보니 어느 장단에 춤을 춰야 할지도 모르겠다는 거지. 인터넷에서 정보를 뒤지면 뒤질수록 더 헷갈리기만 하고 그래서 지금 분당으로 옮겨야 하나 말아야 하나가 고민인 거지. 솔직히 나야 벤처투자를 본업으로 하고 있으니 벤처나 코스닥시장의 변화는 비교적 잘 알지만, 부동산은 잠뱅이잖니. 봉천동 집도 결혼 준비 때문에 사게 된 것이고. 그 당시엔 너도 잘 알다시피 집값이 너무 싸서 전세금과 얼마 차이가 안 나던 시절이었잖아."

"넌, 집을 벤처투자처럼 생각하니?"

나준수의 긴 설명이 끝나자마자 최기봉은 이렇게 질문을 했다.

"그게 무슨 말이야?"

나준수가 다소 뜬금없어 보이는 최기봉의 질문에 의아했는지 이렇게 대꾸했다.

"아니, 내 말은 준수, 네가 집을 사는 것이 투자행위라고 생각하느냐고? 그러니까. 투자의 경우에는 가격이 오르고 내리는 게 가장 중요한 것이지만 그게 아니라면 가격이 오르고 내리는 걸 중요하게 생각할 필요는 없다는 뜻에서 물어본 거야."

"아니 꼭 그렇다기보다는… 솔직히 부동산도 자산인데 그걸 구매하는 데 가격을 신경 쓰지 않을 수는 없는 것 아닌가?"

나준수는 여전히 최기봉의 말에 이해가 가지 않는 듯한 표정으로 이렇게 되물었다.

"물론, 그렇지. 게다가 집이란 게 한두 푼 하는 것도 아니니까 가격에 신경을 전혀 쓰지 않을 수는 없겠지. 하지만, 내 말은 집이란 것은 주식이나 채권과 달리 투자수익만을 목적으로 구매하는 그런 종류의 투자자산은 아니란 거지. 주식이야 가격이 내려갈 때 사서 폭등할 때 가차없이 팔아 차익을 남기면 그만이지만. 집은 다른 거니까. 집이란 우리가 편안하게 살기 위한 보금자리의 성격이 더 강하거든. 가격이 오른다고 무조건 팔아 버릴 수가 없다는 거지. 그러니까 단순하게 돈을 벌기 위한 자산은 아니란 거야."

최기봉은 나온 빈대떡을 한 입 먹으며 다시 말을 이어갔다.

"그러니까. 요즘 부동산 시장전망이라며 떠들어대는 버블 붕괴나 폭등신화나 이런 거에 너무 민감할 필요가 없을 거 같다는 거지. 솔직히 나 역시 요즘 우리나라, 특히 수도권 주택가격이 높은 편이라고 생각을 하고 있지만 그렇다고 버블 붕괴나 강남 불패신화나 어느 쪽의 지지자도 아니거든. 그런 극단적인 시나리오는 좀처럼 일어나지 않을 거라 생각해. 그러기에는 너무 많은 경제변수와 정부정책과 사람들의 심리가 작용할 거거든.

게다가 난 주택시장에 대해 모든 사람이 주식투자나 펀드투자처럼 가격변동이나 시장변화에 너무 민감해하는 것도 문제가 있다고 생각해. 솔직히 주택매매를 투자로 생각해야 하는 사람은 집이 두세 채 이상은 되는 갑부들이나 하는 거지. 우리 같은 일반 서민은 전혀 상관없는 게임이거든.

넌 벤처기업 투자를 하니까 이런 표현이 적당한지 모르겠지만, 벤처기업이 수익을 내서 그 돈으로 생산설비나 공장을 증설한다고 해봐. 그 이유가 설비나 공장부지 가격이 앞으로 폭등할 거라서 그걸 사는 걸까? 아니잖아. 벤처기업이 안정적으로 성장하는 데 필요하기 때문에 그렇게 하는 거잖아. 가정도 마찬가지 아니겠니? 우리가 가정을 일구려면 기본적으로 보금자리가 필요하잖아. 아이들이 커가면서 필요한 개인 공간도 만들어 줘야 하고 좋은 환경에서 자랄 수 있도록 해야 하고. 이런 게 다 집을 사는 데 반영되는 거잖니. 그런데 요즘 주택시장에 대한 사람들의 생각을 보면 무슨 주식이나 펀드투자를 대하듯 하는 거 같거든. '집값이 더 내려갈 것이니까 좀 더 있다가 바닥에서 집을 사자.' 아니면 2006년 말처럼 '이번 기회를 놓치면 더는 집을 사지 못할 거 같으니 무조건 아무 데나 집을 사놓고 보자.' 뭐 이런 식 말이야. 내 생각엔 한참 잘못된 접근 방식이라고 생각해."

최기봉은 길지만 차근차근 자신의 생각을 이야기했다.

"그래, 듣고 보니 기봉이 너 말이 맞는 거 같아. 나 역시도 집을 살까 말까 고민하면서 앞으로의 주택가격 변동에만 너무 치중하고 있었던 게 사실이야. 예전에 신혼집을 구할 때는 '우리들의 행복한 보금자리'라는 생각만 했었는데 말이야. 그 이후에 집값이 오른 건 부수적으로 따른 것이고 말이야. 솔직히 집값이 올랐다고 가정의 행복에 크게 플러스 되는 것도 없고 반대로 집값이 내려갔다 해도 우리 행복에 크게 마이너스 될 것은 없었을 거니까. 그래, 집은 투자대상이 아니라 가정의 행복을 이루기 위한 보금자리가 맞지. 암 맞고말고."

최기봉의 이야기에 나준수도 상당 부분 수긍이 갔다. 하지만, 그래도 뭔가 시원한 해결책은 얻지 못한 느낌이 들었다.

주택가격 변동보다는
현금흐름이 더 중요해

식사를 다 마치자 서비스로 인스턴트 커피가 나왔다. 나준수와 최기봉의 이야기는 계속 이어졌다.

"어이, 잘 먹었다. 그런데 말이야. 그럼 어떤 점을 중시해서 집을 사야 하는 거야. 설마 필요할 때 무조건 집을 사면 된다고 말하진 않겠지?"

나준수가 커피 한 모금을 마신 후 이렇게 물었다.

"그야 당연하지. 허허. 근데 준수, 네가 질문하는 모습이 너무 진지하다. 무슨 기자가 취재하는 거 같아. 허허. 그러니까 내가 되게 긴장되잖아."

최기봉이 여전히 머쓱한 듯 이렇게 말했다.

"아! 하하하. 그건 아니고 아무래도 요즘 내가 집 옮기는 거 때문에 좀 고민이 많다 보니. 내가 너무 진지했나?"

"하기야. 집이란 게 가정사에서 가장 중요한 거니까 준수, 네가 고민하는 것도 당연하지."

"여하튼 계속 이야기해봐. 집을 살 때 중시해야 할 포인트에 대해서 말이야."

"그래, 내 생각엔 집을 사는 데 가장 중요한 것은 자신의 현금흐름이 커버할 수 있는 수준인가 아닌가 하는 거야."

이번엔 오히려 최기봉이 진지한 얼굴로 이렇게 대답을 했다.

"현금흐름이 커버할 수 있는 수준이라니?"

나준수는 다시금 최기봉의 말에 이해가 안 가는 듯 이렇게 되물었다.

"응, 대부분의 사람은 집을 살 때 대출을 받을 수밖에 없지. 순전히 자기가 가진 돈만으로 집을 사는 사람도 있겠지만 그런 사람이 대한민국에 몇 퍼센트나 되겠니? 그런데 대출을 받으면 원금과 이자를 갚아야 하잖아. 따라서 자신의 현금흐름으로 상환금액을 과연 커버할 수 있느냐를 판단해보고 그게 가능할 때 원하는 집을 사면 되는 거야. 그게 버거울 땐 주택구매 시기를 조절하든가 아니면 눈높이에 맞는 집으로 바꾸든가 해야겠지."

"현금흐름이라고 하면 월수입을 말하는 거니?"

"그렇지. 넌 벤처투자 쪽에 있으니까 확실히 이해가 빠른데. 기업도 공장증설이나 기술개발에 투자가 필요하지만, 적자를 내면서까지 이것을 할 수 없는 것과 마찬가지지. 넌 지금 봉천동 집을 판다면 얼마 정도에 팔 수 있니?"

"으응. 얼마 전 부동산에 알아보니 우리 집과 같은 봉천동 25평형대 아파트가 3억 2천 정도 한다고 하더군."

나준수가 이렇게 말했다.

"그래? 그럼 수경 씨가 마음에 들어 한다는 분당 아파트는 얼마래?"

"응, 우리 집사람이 마음에 들어 한다는 분당 32평형대 아파트는 5억 5천만 원 정도 한대."

"음. 그렇군. 그럼 집을 팔고 나면 모자라는 금액이 2억 3천 정도 되는군. 여기다 너희 봉천동 집은 소형이니 양도세는 면제겠지만, 취·등록세는 생각해야 하니 대략 2천만 원 정도 더 잡아서 2억 5천 정도가 부족해. 그럼 이 정도 금액을 은행에서 대출받았을 때 대출조건이나 금리를 따져보고 이걸 너의 수입으로 커버할 수 있는지 고민해 봐야겠지. 아 참! 수경 씨가 알뜰하니 모아 놓은 돈도 있을 거 아니냐?"

"그래. 적금하고 정기예금 들어놓은 게 대략 1억은 되더라고. 게다가 내가 주식에 투자하는 돈이 대략 3천만 원 정도 되고."

나준수가 대답했다.

"우와 대단한걸. 살림 살면서 모아 놓은 돈이 1억이나 된다니. 역시 수경 씨는 알뜰함의 대명사야."

"하하. 집사람이 결혼 전이나 신혼 때 회사 다니면서 모아 놓았던 적금하고 애들 키우면서 짬짬이 모아 놓은 돈이 벌써 그렇게나 되었더군. 그래도 예전에 투자신탁에 매달 출근하던 최기봉만이야 하겠니?"

최기봉이 자신의 아내를 치켜세우자 나준수는 흐뭇한 표정으로 이렇게 말했다.

"허허. 그땐 종자돈 모으러 참 열심히 다녔지. 그땐 그게 유일한 낙이었던 거 같아."

최기봉도 과거에 나준수와 밀감투자신탁에 다니던 때가 그리운 듯 입가에 미소를 띠며 말했다.

"그럼 1억 3천 정도를 빼면 대출받을 돈은 1억 2천만 원 정도가 되겠군."

이렇게 말하는 나준수의 얼굴엔 갑자기 생기가 돌았다.

"하지만, 그 돈을 모두 집 사는데 넣는 건 좀 아닌 거 같아. 지금 붓고 있는 적금을 곧바로 해약하게 되면 수수료를 부담해야 할 것이고, 게다가 만약의 사태를 대비한 비상금도 가지고 있어야 하니 말이야."

"그럼 대략 3천만 원은 가지고 있는 것으로 하고 나머지는 집 사는데 보태면 되겠군. 그럼 대출금액은 대략 1억 5천만 원이 되는군."

"그래, 그럼 그걸 은행에 가서 좀 더 자세하게 물어봐 대출상환조건이나 금리 등에 대해서 말이야. 그래서 현재 너 혼자 벌고 있으니 그 돈을 어떻게 갚아 나갈지를 고민해서 집을 살지 어떨지를 결정하는 게 맞을 거 같아. 내 생각으론 준수, 너의 급여수준이라면 장기적으로 볼 때 충분히 갚을 수 있을 것 같은데?"

"응, 자세한 것은 은행에서 물어보고 결정해야겠지만 언뜻 생각해봐도 충분히 갚을 수 있을 거 같아. 우리가 벤처투자 할 때도 그런 식으로 설비투자와 분기별 예상수익으로 캐시 플로어 프로젝션(cash flow projection)을 하거든. 그래서 자금의 흐름을 분석해서 사업성을 판단해. 내 집 마련도 그런 식으로 하면 되겠군. 엑셀 프로그램도 있으니 내일 한번 해봐야겠구나."

나준수는 만족스러운 표정으로 이렇게 말했다.

"그럼. 우리 일어날까?"

해장국 집에서 나온 나준수와 최기봉은 청계산 공용 주차장으로 향했다.

"그래 그게 바로 DTI(Debt to Income)*라고 하는 거야!"

주차장으로 향하는 길에 나준수가 만족스러워 하는 표정을 보고 최기봉도 흐뭇한 표정으로 이렇게 말했다.

"DTI. 그거 뉴스에서 본 거 같은데. 차입자의 수입 정도를 보고 대출해 준다는 뭐 그런 거 아니냐?"

"맞아. 우리말로 '총부채상환비율'이라고 하지. 네가 아는 데로 주택담보대출을 받을 때, 돈을 얼마나 잘 갚을 수 있는지를 대출받는 사람의 소득으로 따져 대출 한도를 정하는 제도를 말하지. 예를 들어 DTI가 50%라고 정부가 규제하면 대출금의 연간 상환액과 기존 부채의 1년 이자의 합이 연소득의 50%를 넘어서는 안 되는 거지. 다시 말해 집의 담보가치가 아무리 높더라도 대출받는 사람의 소득이 낮아 원금과 이자를 상환할 능력이 안된다고 판단할 때는 많은 금액의 대출을 받지 못하게 되지."

"기봉이 넌 아는 것도 참 많다."

"너 오늘 나를 너무 띄우는 거 같아. 허허. 아무튼, 다시 한 번 말하지만, 우리가 부동산 투기꾼도 아닌데 앞으로의 주택가격 변화에 너무 민감할 필요는 없어. 그것보다 무리하지 않는 수준에서 대출을 받아 원하는 집을 살 수 있느냐가 더 중요한 요소인 거지. 집은 수준에 맞게 행복하게 생활할 수 있는 공간을 마련한다는 것. 그 이상도 이하도 아니란 걸 잊어선 안 되는 거지. 물론, 그걸 마련하는데 많은 노력이 드는 건 사실이지만 그렇다고 가격변화에 민감해서 무리하거나 필요 이상의 인내를 하거나 할 필요는 없다는 거지."

"그래, 역시 기봉이 너는 내 인생의 멘토다 멘토."

나준수가 최기봉의 조언에 흐뭇해했다.

"멘토는 무슨 멘토냐. 허허. 아무튼, 나준수의 두 번째 내 집 마련, 정말 축하한다."

"그래 오늘 기봉이 너의 조언은 정말 도움이 됐어. 고마워."

"나도 네 덕분에 오늘 간만에서 운동하고 또 맛있는 해장국도 얻어먹고 즐거웠어."

"빈대떡도 먹었잖아."

"허허허, 그래 빈대떡도 맛있더라. 언제 우리 가족들끼리도 한번 와야겠어. 아무튼, 자주 보자."

"그래. 그러자."

나준수와 최기봉은 악수를 했다. 여름날 청계산 주변의 청명한 공기가 두 사람을 감쌌다.

DTI*, LTV

DTI는 Debt To Income의 약자로, 총부채상환비율을 말한다. 금융부채 상환능력을 소득으로 따져서 대출한도를 정하는 계산비율이다. 대출상환액이 소득의 일정비율을 넘지 않도록 제한하기 위해 실시한다. 금융기관이 대출금액을 산정할 때, 대출자의 상환능력을 검증하기 위하여 활용하는 개인신용평가시스템(CSS: Credit Scording System)과 비슷한 개념이다.

DTI와 함께 주택가격 안정화를 목적으로 주택담보대출을 규제하는 제도가 LTV다. LTV(Loan to Value)란 '주택담보인정비율'을 말한다. 주택담보대출을 받을 때, 집값의 얼마를 담보로 인정받아 대출을 받을 수 있느냐를 나타내는 비율이다. 다시 말해 LTV가 40%일 경우 주택의 시가가 5억 원인 아파트를 구입할 때 5억 원의 40%인 2억 원까지만 대출을 받을 수 있다는 것이다.

다시 시작하는 마대식을 만나다

그 해 늦가을이었다.

"여보세요."

"응, 나 마대식인데. 강남에 외근 차 들렀다가 시간이 좀 애매해서 커피나 한잔할까 해서 전화했는데 지금 사무실에 있어?"

휴대전화기 너머로 들려온 것은 마대식의 목소리였다. 실로 오랜만의 전화였다.

"어이구 이게 누구십니까? 마 선배님 아닙니까? 잘 지내셨죠. 지금 사무실이니 불편하지 않으시면 이쪽으로 오세요. 커피 한잔하시죠."

이윽고 마대식이 사무실로 찾아왔다. 둘은 작은 미팅룸으로 자리를 옮겼다. 나준수가 원두커피를 마대식에게 권했다.

"그래, 고마워 나 이사. 나준수 팀장이 벌써 이사가 되었다며? 잘 나가는군."

"마 선배님도 그냥 준수라고 부르세요. 나 이사, 그러니까 이상하네요."

"그래도. 그건 아니지."

마대식은 몇 년 전과 달리 상당히 밝은 표정이었다. 눈빛을 보면 그 사람을 알 수 있다. 그의 눈빛은 과거 종금사 시절과 같이 생생했다. 종금사 합병 후 증권사로 옮긴 이후에도 재정적인 문제로 많은 어려움을 겪었을 터인데 이제는 많이 안정된 것으로 보였다.

"마 선배님, 얼굴이 훤하신 거 보니 요즘 좋으신가 보죠."

나준수가 커피를 한 모금 마시며 이렇게 말했다.

"허허. 나도 그 이후로 최기봉한테 조언도 많이 받고 정신 차리고 열심히 살았지. 우리 와이프도 돈을 벌고 맞벌이다 보니 지금은 빚도 어느 정도 갚았고 예전에 비하면 살 만해. 뭐 애들한테 좀 미안하지만 말이야."

"그러시군요. 축하합니다. 빚 갚는 게 돈 버는 거잖아요. 허허."

"그래 맞아. 그동안 5~6년 정도 허리띠 엄청나게 졸라맸었지. 하지만, 빚 거의 다 갚고 나니 세상이 이렇게 눈부시게 보일 수가 없어. 최기봉에게 정말 고맙다고 해야지. 최기봉이 결혼하고 서울 올라왔을 때 내가 자주 찾아갔었거든. 그때는 참 암울해서 말이야. 그랬더니 자기가 거래하는 은행 후배 PB를 소개해주더군. 사실 PB란 게 여윳돈도 좀 있고 은행에 실적도 어느 정도 올려줘야 재무 컨설팅을 해주잖아. 그런데 내가 그때 무슨 쥐뿔이라도 있었겠어? 하지만, 최기봉 얼굴보고 그 PB가 재무설계도 제대로 해주고 여러 정보도 주고 그랬지. 최기봉의 말도 그랬지만 나도 지금 와서 느끼는 건데 뭐니 뭐니 해도 종자돈이 제일 중요한 것 같아."

이렇게 말하는 마대식의 눈빛에서 예전에 최기봉을 깎아내리던 모습은 전혀 찾아볼 수 없었다. 오히려 최기봉에 대한 고마움이 가득 차 있었다.

"저도 그렇게 생각합니다. 종자돈이 참 중요하더라고요. 기회가 올 때 그걸 잡는데 절대적인 역할을 하는 도구죠."

나준수가 맞장구를 쳤다.

"그래서 시작은 늦었지만 이제 기반공사는 이제 마쳤으니 기초공사를 시작해 볼까 해."

"선배님, 기반공사는 뭐고 기초공사는 뭐예요?"

나준수가 마대식의 뜬금없는 소리에 이렇게 되물었다.

"응, 최기봉이 나에게 해 준 이야기인데, '부자'라는 높은 건물을 지으려면 건물기초공사가 잘되어야 하지. 3층짜리 건물과 30층짜리 건물은 골조 등 기초공사부터 달라야 하거든. 여기서 기초공사가 바로 종자돈이란 거지. 종자돈을 어떻게 모아나가느냐에 따라 그 돈을 불리는 수준이 달라진다는 거야. 그런데 난 뭐야. 빚투성이 였잖아. 이건 기초공사 이전 단계지. 아무리 건물을 올리려고 해도 그곳의 토지가 암석 덩어리거나 아니면 모래라면 건물이 올라가겠어? 게다가 도로공사 같은 것이 전혀 되어 있지 않다면 건물을 지어도 사람들이 들어 올 리가 없잖아. 따라서 나 같이 빚이 많은 사람은 기반공사부터 철저히 해야 하는 거지. 이제 그 기반공사가 거의 다 끝난 거란 말이지. 물론, 과거 종금사 시절에 흥청망청했던 게 후회도 되고 지금 내 나이에 다시 시작한다는 게 너무 늦은 건 아닌지 하고 가끔은 불안하기도 하지만 그래도 가장 늦었다고 생각할 때가 가장 빠른 것이라는 정신으로 열심히 살고 있지. 허허허."

이렇게 말하는 마대식의 어조는 밝고 진실성이 묻어 있다고 나준수는 느꼈다. 과거 종금사 시절처럼 괜히 허세를 부리거나 카리스마로만 밀어붙여 다소 멀게 느껴졌던 그와는 전혀 다른 모습으로 다가왔다.

"작년 기봉이 집들이 때 오시지 그랬어요. 그때 정재영 선배님이랑, 박상원 씨랑 부부동반 모임으로 다 모였었는데 말이죠."

분위기가 너무 진지해졌는지 나준수가 화제를 바꾸었다.

"아 그때, 내가 지방 출장이 있어서 못 갔었지. 내가 기업에 금융상품 파는 일을 하니까. 지방에 있는 기업이 부르면 천 리 길도 가

229

야 하거든. 허허. 하지만, 며칠 후에 최기봉이 따로 불러서 집에 한 번 놀러 갔었지. 새 아파트라 좋더군. 특히 제수씨 음식 솜씨가 장난이 아니던데. 허허."

"그렇죠. 녀석 복도 많다니까요."

"그러게. 서울 잠실에 30평 대 집 있지. 여우 같은 와이프에 토끼 같은 자식 있지. 게다가 다니는 직장도 이젠 자리를 잡아서 실적도 꽤 나온다고 하더군."

"그렇죠. 그리고 기봉이 그 녀석 정확하게 말은 안 하지만 굴리는 현금 자산만 해도 20억대가 넘는 것 같던데요."

나준수가 마대식의 말에 맞장구를 치며 이렇게 말했다.

"그래? 예상했던 대로인 걸, 평범한 월급쟁이치고는 이제는 알짜 부자 축에 드는 것 같아."

"그러니까 대단한 녀석이죠. 그 녀석이 부모에게 물려받은 자산이 있었던 것도 아니고. 제가 종금사 시절부터 죽으라고 종자돈 모을 때부터 알아봤다니까요."

"예나 지금이나 나이사는 최기봉 이야기만 나오면 사족을 못 쓰고 칭찬을 하는 건 여전하고만."

"아, 제가 그랬나요?"

마대식의 말에 나준수는 왠지 쑥스러운 듯 머리를 긁적였다.

"그나저나 요즘 나이사는 어떻게 지내? 많이 바빠?"

"요즘 좀 바빴는데요. 저도 기봉이 녀석 덕을 좀 봤죠."

"최기봉 덕이라니?"

"애들도 크고 해서 몇 개월 전 약간 넓은 평수로 분당으로 이사를 하였거든요. 그때 이것저것 기봉이가 코치를 해줘서 도움이 되었죠. 저에게도 그 후배 PB를 소개해 줘서. 대출상담도 제대로 받고 말이죠. 그 덕분에 저도 그 은행 고객이 되었죠."

"그래? 축하해. 내 집 마련 아니, 내 집 확장을 말이야. 그나저나 집 이야기를 하니 나는 최기봉에게 엄청나게 큰 신세를 졌지."

"그건 또 무슨 소리예요."

마대식의 말에 나준수가 의아한 듯 이렇게 물었다.

"응, 2006년 가을 때였지. 그때가 오를 대로 오른 주택가격이 꼭지를 찍고 있었을 때였잖아? 모두들 내 집 마련의 마지막 기회라며 제정신이 아니었지. 기억나?"

"그랬었죠."

나준수는 그때를 떠올리며 이렇게 대답했다.

"나도 당시 주변 사람들이 대출받아 집 산다는 이야기에 흔들렸었지, 우리 회사 동료도 몇 명이 덜컥 계약을 하고 했었거든. 당시엔 최기봉의 조언을 많이 따르고는 있었지만 그래도 순간 확 지르는 내 버릇이 완전히 없어졌던 건 아니었나 봐. 원래 사람이란 게 순식간에 변하지는 않잖아. 이렇게 어영부영하다간 주택가격이 천정부지로 올라버려 이제 도저히 내 집을 살 수는 없을 것 같다는 공포감마저 감돌았거든. 그래서 당시 유행했던 몇 군데 수도권 신도시 분양하는 거에 한번 질러볼까 이곳저곳 알아보러 다녔지. 몇 년 후 집값이 더블로 오르면 그걸 팔아서 작은 집을 하나 사고 나머지 빚도 갚으면 한 방에 해결될 거라는 어처구니 없는 생각으로 말이야. 지금 생각해 보면 우습지만, 그때 상황논리로는 정말 그럴 수 있을 것 같더군. 잠잠하다가 다시 옛날 병이 도진 거지."

마대식은 잠시 말을 멈추고 나준수가 건넨 커피를 한 모금 마셨다.

"그…. 그래서 지르셨어요?"

나준수는 걱정스러운 표정으로 이렇게 물었다.

"아니, 그때 최기봉을 다시 찾아간 거야. 나도 과거에 심하게 당했는데 무조건 지를 수는 없고 그래도 관록이 있는 최기봉에게 조언이나 받아보자고 찾아갔었지."

"그랬더니 기봉이가 뭐래요?"

"당시엔 대부분의 사람이 주택가격은 더 오를 거라고 철석같이 믿고 있던 2006년이었잖아. 하지만, 최기봉의 말은 간단하더군. 주택가격이 오르고 내리고가 무슨 상관이냐고. 그건 부차적인 문제라고 말이야."

"그렇죠. 기봉이가 그러면서 현금흐름을 생각하라고 하지 않던가요?"

나준수가 마대식의 말을 자르며 이렇게 말했다.

"어? 그래. 그렇게 말하던데, 그걸 어떻게 알았어?"

마대식은 다소 놀란 듯한 표정이었다.

"기봉이가 저에게도 그렇게 말했거든요. 우리 같은 서민에게 주택은 보금자리를 마련하는 것이지 투자의 대상이 아니니 가격에 대한 향방은 부차적인 문제고 그것보다는 대출금과 그것을 상환할 수 있는 자신의 현금흐름을 보는 것이 최우선이라고 말이죠."

"그래. 맞아. 그날 최기봉은 나에게 엄청 단호하게 말하더군. '선배님 또 예전과 같은 처지로 돌아가고 싶으세요.' 하면서 말이야. 순간의 선택을 잘못해서 도저히 감당할 수 없는 빚을 지게 되면 평생을 후회하면서 살게 될 거라고 말이야. 내가 그때 집을 사려면 대부분의 자금을 대출받아야 할 상황이었거든. 그럼 집값이 오르더라도 매달 원리금 상환을 해야 할 텐데 그게 고액의 월세에 사는 거와 뭐가 다르냐며 윽박지르더군. 게다가 집값이 빠지면 그때는 돌이킬 수 없는 나락으로 빠진다고 말이야."

"그랬군요."

"응, 그 이야기를 듣는 순간에는 상당히 불쾌했던 게 사실이야.

그래도 내가 선배인데 자존심이란 게 있잖아. 하지만, 그 이야기를 듣고 돌아오는 동안 내내 기봉이 녀석의 목소리가 귓가에 맴돌더군. 뭐 하나 틀린 말이 없잖아. 집에 다다랐을 때 결론이 명확해지더군. '마대식, 너 아직도 정신 못 차렸냐? 지금은 배팅할 때가 아니라 기반부터 제대로 다질 때 아니냐? 그래 우선 갚던 빚부터 제대로 갚고 뭘 하든지 해야지.'라고 말이야."

"참 잘 생각하셨네요. 그 후 집값이 엄청 떨어졌잖아요."

나준수는 다행이라는 표정으로 이렇게 말했다.

"그렇지. 집값 내려간 것도 그렇지만 그 이후에 글로벌 금융위기로 금리도 한동안 올랐었잖아. 높아진 금리를 보면서 최기봉 말 듣길 잘했다고 몇 번이나 생각했는지 몰라. 당시 우리 회사에서 무리하게 집을 샀던 동료가 대출 원리금 갚느라 고생하는 걸 보니 제대로 실감이 나더군. 한 번의 폭풍이 지나가고 나니 그제야 제대로 된 방향 감각이 생기더라니까."

이렇게 말하는 마대식의 표정에서 그때 그가 자칫 잘못했다면 돌이킬 수 없는 나락으로 빠질 뻔했을 것이란 느낌을 확실히 받을 수 있었다.

"내가 어쩌다 보니 쓸데없는 이야기만 늘어놓았네."

마대식은 자신이 한 이야기가 멋쩍었는지 이렇게 말했다.

"어이구, 아닙니다. 좋은 이야기인데요. 아무튼, 선배님도 빚을 거의 다 갚으셨다니 다행입니다. 이젠 좋은 일만 생기겠군요."

"그래. 이제부터 다시 시작하는 거지. 그나저나 간만에 우리 한번 뭉치지. 아무리 서로들 바쁘다고 해도 그래도 해가 가기 전에 소주 한잔은 해야지."

"좋죠. 그래야죠. 제가 언제 한번 연락 드리겠습니다. 12월이야 송년회다 뭐다 다들 바쁠 테니 11월이 가기 전에 한번 뭉치시죠."

모두에게 희망을…

갑자기 추워진 날씨로 퇴근길 사람들의 발걸음이 한결 더 빨라진 11월 저녁 시간이었다. 정말 오래간만에 종금사 시절 또래 직원들이 중구 무교동의 희망횟집에서 모였다. 예전 제로종금사가 있었던 자리다.

"어이구, 오랜만이네요. 정 선배님. 잘 지내셨죠?"

조금 늦게 정재영이 들어오자. 나준수와 최기봉이 일어나 그를 맞이했다.

"늦어서 미안해. 다들 잘 지냈지?"

정재영은 반가운 얼굴들을 보며 이렇게 말했다.

"정 차장 넌, 회사도 가까우면서 왜 이리 늦었어."

미리 와 앉아 있던 마대식이 약간 농이 섞인 어조로 정재영을 환영했다.

"그래 미안. '머피의 법칙'이라고, 막 나가려는 순간에 우리 부장님이 뭘 하나 지시하잖아. 그래서 그거 약간 처리하느라고 늦었어."

'두리은행' 본점 리스크관리실에서 일하고 있는 정재영이 코트를 벗으며 말했다.

"정 선배님, 저도 와 있거든요."

앉아 있던 박상원이 술병을 내밀며 이렇게 말했다.

"어이 박상원 씨도 오랜만이야! '알뜰신용카드'는 요즘 톡톡 튀는 광고도 많이 하고 실적도 업계 1위라고 신문에 나왔던걸. 부러워."

정재영은 박상원이 따라주는 술잔을 받으며 말했다.

"에이, 선배님도. 회사가 잘 나가는 것 하고 제가 잘 나가는 것 하고 무슨 상관이에요. 전 그냥, 꼬박꼬박 월급 받으며 조용히 보내고 있어요. 안 잘리는 게 최선의 방책이니까요."

"허허, 사람도. 그래 안 잘리는 게 최선이지. 자 다들 한잔하자고."

늦게 온 정재영이 잔을 높이 들었다. 다들 '짠' 하고 잔을 부딪쳤다.

"그나저나. 나준수 씨는 이사가 되었다며, 창투사 이사님도 여기 있는데 나중에 내가 치킨집 하나 열면 투자 좀 받을 수 있나?"

이번에는 박상원이 나준수에게 잔을 권하며 이렇게 말했다.

"박상원 과장님도 참. 하하하. 근데 이거 어쩌죠. 창투사는 개인 창업하는 데 투자하는 게 아니라, 벤처기업에 투자하는 거래서요. 치킨집 투자는 좀 힘들 것 같은데요. 대신 박상원 과장님이 저에게 잘 보이면 제가 한 번 투자해보죠. 그때까지 저는 투자할 돈 좀 벌어 놓아야겠네요. 하하하."

"하하하. 그거 좋은 말이네. 나중에 내가 회사에서 잘리고 나서 치킨집 열게 되면 꼭 투자해야 해. 여러분도 다들 잘 들으셨죠. 우리 나 이사가 나중에 저에게 투자해준답니다. 하하하. 그럼 주주 어르신이 되는 건가?"

박상원도 나준수의 말에 유쾌하게 대꾸를 했다.

"이봐. 박 과장. 괜히 치킨집 낼 생각하지 말고 회사에서 안 잘리도록 열심히 일해. 말이 쉬워서 치킨집이지 그것도 자칫 잘못하면 한순간에 망하는 수가 있어."

옆에 앉아 있던 마대식이 대화에 끼어들었다.

"하하하. 아무래도 그렇겠죠. 그럼 오늘 회사 매상을 올리기 위해 여기 술값은 저희 알뜰신용카드로 긁어주시기 바랍니다."

"하하하. 아무래도 박 차장 먹여 살리려면 그래야겠구먼."

오랜만에 반가운 얼굴들이라 그런지 술자리는 시작부터 화기애애해졌다. 평소에는 말수가 없는 최기봉은 옆에서 잔을 부딪치며 사람들의 대화에 웃음으로 화답해 주었다.

어느덧 술자리가 무르익자, 마대식이 최기봉에게 다가갔다.

"난, 기봉이 네가 참 대견스러워. 그리고 그동안 나에게 도움을 줘서 고맙기도 하고."

마대식이 최기봉에게 이렇게 말했다.

"선배님도 무슨 그런 말씀을 하세요."

비록 약간 취해 있긴 했지만 마대식의 갑작스런 진솔한 이야기에 최기봉은 적잖이 당황한 듯한 표정이었다.

"아냐. 인생이 마라톤이라면 너는 그 마라톤에서 지금 선두주자로 달리고 있는 거야. 내 생각엔 난 달리기가 빠르다는 자만심 때문에 같은 출발선상에 서 있었지만 출발을 제대로 하지도 않고 허송세월을 보낸 것 같아. 그동안 넌 꾸준히 달렸고 말이야. 이제 와서 말하는 건데, 종금사 시절 꾸준히 종자돈을 모으는 너를 보고 정말 한심하다고 생각했었거든. 머나먼 42.195킬로미터를 한 발씩 달려 나가는 너의 저력을 그때는 정말 몰랐었어. 기회가 오고 대박을 잡으면 단숨에 결승점에 들어갈 줄 알았지. 그런데 지금 보니 난 이제 출발선에서 막 출발한 거고 넌 벌써 마라톤의 반 이상을 그것도 선두로 잘 뛰고 있다는 걸 알게 되었지 뭐니. 마흔이 훌쩍 넘은 이제 와서 말이지. 그래서 네가 참 부럽고 대견해."

마대식의 목소리는 그 어느 때보다 진실 되어 있었다.

"아니에요. 선배님도 이제 빚도 다 갚으시고 다시 시작하시잖아요. 외람된 말씀이지만 제 생각엔 인생이 마라톤이 아니라 철인삼종경기 같아요. 비록 마라톤에선 좀 늦어졌다 해도 수영과 사이클 종목이 남아 있는 철인삼종경기 말이죠. 거기서 어떻게 하느냐에 따라 승패는 또 달라지는 거라 생각해요. 마라톤 한 종목 잘했다고 자만할 필요도 없고 그리고 마라톤에서 뒤처졌다고 포기할 필요도 없을 거 같아요. 선배님이 무슨 말씀을 하시려는 건지는 잘 알겠지만, 힘내시고 또다시 시작하시면 되죠."

그동안 조용히 듣고 있던 최기봉이 마대식의 이야기에 이렇게 답변했다.

"그래. 마대식. 나도 어디서 들었는데. 인생이 스모가 아니고 씨름이라서 더욱 묘미가 있다더라고. 일본의 스모는 단판이잖아. 한번 패하면 영원히 패하는 거. 하지만, 우리나라 씨름은 삼판양승이지. 한번 패해도 다음 두 판이 남아 있다는 거지. 그러니 또 도전하면 되는 거야."

옆에서 가만히 듣고 있던 정재영이 마대식의 어깨를 두드리며 이렇게 말했다.

"그래, 그거 좋은 말이군. 그래서 나도 좀 더 허리띠를 졸라매려고. 이번에 서울 외곽으로 이사하기로 했어. 그동안 와이프나 나나 출근 때문에 서울에서 전세를 살았는데. 전셋돈도 많이 올랐고 생활비도 좀 그렇고 해서. 출근하기는 좀 멀지만 그래도 서울 외곽으로 가면 목돈도 좀 생기고 생활비도 좀 더 절약할 수 있고. 당장은 고생은 되지만 그게 좋은 방법이겠다 싶어. 와이프하고도 이야기를 했거든. 지금 살던 곳을 떠난다니 애들에겐 좀 미안하지만 그래도 아직 어리니까 금방 친한 친구들이 생길 거야. 나도 더욱더 열심히 일해야겠지. 우리야 인센티브가 확실한 증권사니까. 구두 뒷굽이 달도록 돌아다니면 인센티브도 많이 받을 거고. 그리고 와이프 월급은 꼬박꼬박 저축하고 그러면 금방 종자돈이 모일 거야.”

마대식의 목소리엔 좀 전과는 다르게 힘이 실려 있었다.

“그럼요. 그럼 금방 목돈 모으실 수 있을 거에요. 재테크의 제1원칙이 주식투자나 펀드투자 이딴 게 아니라, 들어오는 수입을 늘리도록 열심히 일하는 것이라 하잖아요.”

나준수도 한마디 거들었다.

“어이. 마대식 그래도 이사 가면 모두들 한번은 불러야 해. 그 평계로 또 뭉치지.”

분위기를 바꾸려는 듯 정재영이 밝은 목소리로 마대식에게 이렇게 말했다.

“그거, 좋지. 대신 집들이 선물로 공기청정기라도 하나 사와야 해.”

마대식 역시 정재영의 말을 기분 좋게 받았다.

"자! 그럼 마대식 선배님의 새로운 출발을 위해서 건배 한번 할까요?"

박상원이 잔을 높이 들었다.

"그래요. 마 선배님의 위하여. 그리고 우리 모두를 위하여."

"위하여!!!"

모두들 새로운 희망을 향해 잔을 높이 들며 이렇게 외쳤다. 그들의 외침은 서울 도심 무교동의 밤하늘을 따라 높이높이 올라갔다.

미래의 멋진 소비를 보장하는
가장 확실한 보증수표

    이 이야기는 필자가 직접 경험했던 1995년부터의 일을 토대로 쓴 것이다. 물론, 이야기의 재미를 위해 다소 드라마틱하게 이야기를 꾸민 부분은 있으나 적지 않은 부분이 사실에 근거한 내용을 바탕으로 하였다. 그런 점에서 이 이야기는 '팩션(faction)'이라 할 수 있다. 사실(fact)을 근거로 해서 만든 허구(fiction)이니 말이다.

    이 이야기에 나오는 최기봉(가명)은 실제로 월급의 대부분을 수익증권에 가입했고, 이를 즐겼으며, 그 후 그리 많지 않은 나이임에도 불구하고, 부동산과 펀드에 투자하여 상당한 돈을 번 것으로 안다. 그렇다고 필자가 부자가 되기 위해 부동산이나 펀드에 투자하라는 점을 강조하고 싶어서 이 글을 쓴 것은 결코 아니다.

    그것보다는 필자가 20대 중반에서 30대 중반 동안 최기봉을 보면서 느꼈던 점을 보다 효율적으로 전달하고 싶었기 때문에 이야기 형식의 글로 구성한 것이다. 그것은 다름 아닌 '종자돈을 모으는 것'이 '재테크 성공의 태반(太半)'이라는 것이며, 이를 위해서는 무엇보다도 '그 자체를 취미나 레저처럼 즐겨야 한다는 것'이다.

우리는 당장에 큰 목표를 이루려고 안달을 한다. 하지만, 그것은 마치 모래 위에 성을 쌓는 것과 같아 이내 무너지고 만다. 그렇게 무너지고 나면 괜히 세상을 비관하고, 자신을 질책하다 영원한 절망의 늪으로 빠져버리게 된다. 비단 재테크뿐만 아니라 어떤 일에서든 다 그렇다. 거창한 목표를 생각하기 전에 기초공사를 튼튼히 해놓는 게 절반의 성공임을 알아야 한다. 우선 기초공사를 튼튼하게 해놓아야, 집이 필요할 때 그 위에다 집을 지을 수 있고, 빌딩이 필요할 때는 그 위에다 빌딩을 지을 수 있는 것이다. 적어도 필자가 최기봉을 보며 느낀 것은 그것이다.

만약, 최기봉이 목돈을 모은 때가 부동산시장의 상승 초기가 아니었다면, 최기봉은 그 성격상 애꿎은 부동산에 투자하지 않았을지도 모른다. 최기봉은 결코 부동산 투자를 위해 돈을 모은 것이 아니라, 종자돈을 모아놓고 보니 마침 부동산 투자의 적기였을 뿐이었다. 그리고 이것을 인지하고 행동에 옮겼을 뿐이다. 달리 표현하자면, 어떤 투자처가 부상하더라도 최기봉은 가만히 앉아서 그것을 선택할 수 있는 'First Class Ticket'을 쥐고 있었던 것이다. 그것은 바로 '그가 재미있게 모아 왔던 종자돈 덕분'이었다. 필자가 하고 싶은 이야기는 바로 그것이다. 어떤 투자처든 경기흐름에 따라 최적의 투자처는 변할 수 있다. 다만, 준비된 자만이 그것을 잡을 수 있다는 것이다.

이야기 속에서 최기봉이 다닌 직장은 당시에 상당히 좋은 급여를 주는 직장이었던 것은 사실이다. 하지만, 이 이야기를 읽고 '최기봉은 급여를 많이 주니까 종자돈을 모았지 나처럼 쥐꼬리만 한 월급으로는 엄두도 못 낼 일이야!'라는 부정적인 시각을 가지는 사람들도 있을 것이다. 물론, 최기봉의 높은 급여가 종자돈을 모으는 데 전혀 도움이 안 된 것은 아니다. 하지만, 이야기 속의 마대식 대리 역시 높은 급여를 받았음에도 불구하고, 빈털터리가 되었다는 점을 애써 간과해서는 안 될 것이다. 최기봉이 적지 않은 금액의 종자돈을 모을 수 있었던 것은 '그의 높은 급여보다는 그가 종자돈 모으기에 남다른 재미와 습관을 붙였기 때문'이다. 최기봉은 '즐길 수 있었기에 오랫동안 종자돈 모으기를 지속'할 수 있었던 것이다.

아울러 '소비가 미덕'이라는 것에 대해서도 한마디 하고 싶다. 뭐든지 적절한 시기가 있는 법이다. 소비가 미덕이란 말은 50대 이후에나 어울리는 말인 것 같다. 그때가 되어서 정말 여유 있게 소비를 할 수 있다면 인생을 잘 살아온 것이라 할 수 있을 것이다. 물론, 이는 경제적인 측면으로만 봤을 때 그렇다는 것을 전제로 해야겠지만 말이다. 반면 20~30대에 절약하는 것은 마냥 소비를 하며 인생을 즐기는 것보다 훨씬 가치 있는 일이며, 50대 이후의 멋진 소비를 보장하는 보증수표임을 필자는 최기봉을 통해 여실히 느꼈다. 이점 또한 지금의 20~30대에게 해주고 싶은 이야기다.

백만 불의 재산을 모은 젊은 두 친구의 비밀

청춘의 종자돈

초판 1쇄 인쇄 2010년 7월 5일
초판 1쇄 발행 2010년 7월 12일

지은이 김의경
펴낸이 김선식
펴낸곳 다산북스
출판등록 2005년 12월 23일 제313-2005-00277호

PD 임영묵
굿앤웰스 임영묵, 김다우
디자인본부 최부돈, 손지영, 황정민, 조혜상, 김태수, 김희준
마케팅본부 모계영, 이도은, 신현숙, 김하늘, 박고운, 권두리
홍보팀 서선행, 정미진
광고팀 한보라, 박혜원
온라인마케팅팀 하미연
저작권팀 이정순, 김미영
미주사업팀 우재오, Erick R. Zimmerman
경영지원팀 김성자, 김미현, 유진희, 김유미, 정연주
외부스태프 표지 · 본문 디자인 · 그림 공 존

주소 서울시 마포구 서교동 395-27번지
전화 02-702-1724(기획편집) 02-703-1725(마케팅) 02-704-1724(경영지원)
팩스 02-703-2219
이메일 dasanbooks@hanmail.net
홈페이지 www.dasanbooks.com

필름 출력 스크린그래픽센타
종이 한서지업(주)
인쇄 · 제본 (주)현문

ISBN 978-89-6370-119-6 03320